LE
DIAGNOSTIC TOPOGRAPHIQUE
DE NAPOLÉON

PAR

M. Ludovic DRAPEYRON

PREMIER FASCICULE

EXTRAIT DE LA *REVUE DE GÉOGRAPHIE*
Dirigée par M. L. DRAPEYRON

PARIS
INSTITUT GÉOGRAPHIQUE DE PARIS
CH. DELAGRAVE
15, RUE SOUFFLOT, 15
1892

LE
DIAGNOSTIC TOPOGRAPHIQUE
DE NAPOLÉON

L.-Imprimeries réunies, B, rue Mignon, 2. — MAY et MOTTEROZ, directeurs.

LE

DIAGNOSTIC TOPOGRAPHIQUE

DE NAPOLÉON

PAR

M. Ludovic DRAPEYRON

PREMIER FASCICULE

EXTRAIT DE LA *REVUE DE GÉOGRAPHIE*
DIRIGÉE PAR M. L. DRAPEYRON

PARIS
INSTITUT GÉOGRAPHIQUE DE PARIS
CH. DELAGRAVE
15, RUE SOUFFLOT, 15
1892

LE DIAGNOSTIC TOPOGRAPHIQUE

DE NAPOLÉON

Le génie de Napoléon a été plus souvent admiré ou maudit que compris ou analysé. L'empereur, sinon le premier consul, de l'avis de la postérité et des contemporains eux-mêmes, apparaît comme un inexplicable mélange de dons surhumains et de monstrueux défauts [1]. On a vainement cherché à marquer sa place parmi l'élite des hommes de guerre et des hommes d'État supérieurs : à eux, comme à lui, il semble manquer quelque chose pour que le « classement » se fasse d'une manière utile. L'un de ses récents historiens a dit, non sans raison, qu'il resterait « hors cadre ».

Voici ce qui nous frappe tout d'abord quand nous le comparons aux autres « demi-dieux », ses rivaux de puissance et de gloire. Maître de lui-même, seule condition pour l'être longtemps des autres, il l'est beaucoup moins que César, arrivé au pouvoir suprême dans l'âge mûr. Il n'a pas non plus l'invincible obstination, dans l'attaque, d'un Charlemagne [2], dans la résistance, d'un Annibal [3]. Non seulement il n'est pas entré dans l'esprit et les sentiments des peuples qu'il avait à gouverner, avec la supériorité d'un Charles-

---

1. Le colonel Jung, aujourd'hui général (*Bonaparte et son temps*, 1880), conclut de la manière suivante : « Tel est le général Bonaparte, synthèse vivante du bien et du mal, vibrion monstrueux. » Le *Napoléon Ier* de Lanfrey ne diffère guère de celui-là. M. Taine lui-même se trouve d'accord avec ses deux prédécesseurs ; il consacre du moins quelques pages magistrales à ce qui fut le fond du génie de l'empereur. Il faut avouer que les *Mémoires* de madame de Rémusat, du duc de Broglie, etc., quelle que soit leur valeur au point de vue psychologique, ne nous aident guère à atteindre ce fond-là. Si M. Thiers eût condensé en une centaine de pages ce que j'appellerai la « cinématique » de Napoléon, dont tous les éléments avaient passé par ses mains, l'interprétation de ce génie n'aurait pas été chez nous systématiquement sacrifiée à des considérations sur sa soif inextinguible de puissance et de gloire. Vouloir juger un homme de guerre sans le considérer comme guerrier, c'est vouloir juger un poète sans avoir étudié ses poésies. — Voir nos pages sur *M. Thiers historien, géographe et homme d'État* (octobre 1877), présentées par M. Mignet à l'Académie des sciences morales et politiques.
2. Trente-trois ans de guerres contre les Saxons.
3. Seize ans de lutte dans la péninsule italique devenue un champ clos.

Quint[1] qui connaissait toutes leurs langues ; mais il reste, en ce qui concerne la direction des seuls Français, au-dessous du cardinal de Richelieu[2]. Ajoutons que, s'il a conçu plusieurs grands desseins, il a laissé à Alexandre la gloire unique d'en avoir réalisé pleinement un seul ; tous ses desseins à lui ont finalement échoué, ce qui n'est le cas d'aucun de ses émules.

D'autre part, ses succès, quelque éphémères qu'ils aient été, nous apparaissent, en pleine lumière historique, si rapides, disons mieux, si foudroyants, que le fameux mot du vainqueur de Vercingétorix, de Pompée et de Pharnace : *Veni, vidi, vici*, ne paraîtrait aujourd'hui rigoureusement exact que dans sa bouche.

Malgré une chute retentissante, précédée de douloureuses défaites, Napoléon garde le surnom incontesté de grand. Son nom même est resté synonyme de victoire. Les victoires politiques et militaires de tous les autres pâlissent auprès des siennes, si on ne considère que le moment fugitif où elles ont été remportées.

Avant de dire quelles sont, à nos yeux, les causes de l'échec final de Napoléon, nous constaterons celles de ses incomparables succès[3].

On l'a affirmé avant nous, et fort heureusement pour ce travail, car notre témoignage, s'il s'était présenté seul, aurait pu être suspect : le génie de Napoléon est un génie topographique hors de pair[4].

---

1. Charles-Quint, père de don Juan d'Autriche, grand-père d'Alexandre Farnèse, les deux plus grands généraux du XVIᵉ siècle, n'a guère livré en personne que la bataille de Mühlberg, dont la gloire revient à Maurice de Saxe et au duc d'Albe.
2. Il disait à Rœderer (t. III des *Œuvres complètes*, p. 332), le 2 août 1800 : « Il n'y a que moi qui, par ma position, sache ce que c'est que le gouvernement. Les Français ne peuvent être gouvernés que par moi. Je suis dans la persuasion que personne autre que moi, fût-ce Louis XVIII, fût-ce Louis XIV, ne pourrait gouverner en ce moment la France. Si je péris, c'est un malheur. » Rœderer (*Id.*, p. 590) ajoute avec raison : « Napoléon s'est fait illusion sur le pouvoir de l'imagination. Il a cru qu'il ne pourrait régner sur la France qu'en l'étonnant toujours. Ce système, merveilleux pour vaincre les ennemis, l'a fort trompé pour gouverner les cœurs français. » Si « Bonaparte avait une grande idée du pouvoir de l'imagination, c'est qu'il l'avait éprouvé sur ses soldats (page 331). » Mais il se condamnait par là à durer peu. Cf. Richelieu : *Testament politique*, IIᵉ partie, ch. IX, section IV, et notre *Sens géographique du cardinal de Richelieu* (1885).
3. Nous recommandons tout particulièrement, à ce point de vue, les bulletins insérés au *Moniteur*, la *Correspondance*, et plus spécialement les lettres à Eugène de Beauharnais, vice-roi d'Italie, et à Joseph Bonaparte, roi d'Espagne, dont il se fait, avec une complaisance inaccoutumée, l'initiateur. On tirera grand profit, à ce point de vue également, du *Mémorial de Sainte-Hélène*. Les ouvrages du général Jomini (*Précis de l'art de la guerre*, etc.) et du général Pelet (*Mémoire sur la guerre de 1809*, etc.) sont les ouvrages les plus utiles à consulter après ceux de Napoléon. Jomini est justement célèbre par une sorte de divination constante des plans stratégiques de Napoléon. Quant à Pelet, qui a suivi l'empereur dans la plupart de ses campagnes, son souvenir reste attaché à l'exécution de la *Carte de France de l'État-major*, dont il présente, en 1833, la première feuille au roi Louis-Philippe.
4. Taine, *Napoléon Bonaparte*, in *Revue des Deux-Mondes* du 15 février 1887.

Que de l'examen attentif et pénétrant du relief de la terre puisse surgir l'intelligence la plus apte à conduire, à vain... ominer, d'une façon temporaire tout au moins, les peuples, ... s d'une grande crise, voilà un fait qui, grâce à un exemple au... probant, sera démontré sans aucune difficulté.

Le difficile, c'est d'amener l'homme et en particulier le Français à bien considérer ce sol où il vit et agit. Est-ce parce que, suivant le vers du poète, notre visage sublime doit toujours regarder les astres, la terre n'étant faite que pour être foulée aux pieds? Mais c'est précisément cette façon toute spiritualiste, toute céleste, de nous considérer nous-mêmes, noble témoignage des étapes de la civilisation, qui nous expose aux coups de ceux qui ne croient pas être des exilés ici-bas.

Il est vrai que la terre n'offre pas, dans toutes ses parties, assez de variété, de saillies, pour fixer dès le début notre attention, et cette habitude de négligence et d'oubli, sinon de dédain, une fois prise à son égard, il devient impossible, si une seconde éducation, rectificative de la première, n'intervient, de nous remettre en communion permanente avec elle.

Un obstacle insurmontable, je le sais, est la faiblesse de la vue, qui va s'aggravant dans notre siècle. Que si on ne peut espérer qu'un sourd ait ce qu'on appelle « le don des langues », un myope communiquera d'une façon bien imparfaite avec le « monde extérieur ». Sans en nier l'existence et même l'importance, il le négligera forcément. Voilà pourquoi tant de « penseurs » sont restés tout subjectifs, tout intérieurs. Qu'un historien myope fasse abstraction de la géographie, qu'un géographe myope ne puisse aller jusqu'à la topographie, il n'y a rien là que de très regrettable, sans doute, mais aussi que de très naturel.

Tel ne fut pas le cas de Napoléon. Né et élevé jusqu'à l'âge de dix ans dans l'île de Corse, sa vue perçante[1] était constamment

---

1. *Mémorial de Sainte-Hélène*, t. Ier, p. 599 et 600 (Paris, Ernest Bourdin, 1842). Le colonel Jung arrive un peu tard (t. III et dernier, p. 388), mais il arrive au diagnostic de Napoléon. Commentant ces paroles de Bourrienne : « Il avait peu de mémoire pour les noms propres, les mots et les dates ; par contre, il en possédait une prodigieuse pour les faits et les localités », il ajoute : « Ce don de se rappeler les faits et les localités tient à l'œil. Or, l'œil c'est le miroir de l'âme ; c'est, si l'on ose s'exprimer ainsi, la fenêtre de ce cabinet de travail toujours en activité, le cerveau. Chez Bonaparte, le regard a une signification particulière, il est net. Il semble vouloir fouiller au fond de l'âme de celui qu'il fixe... Il représente, en un mot, la partie visible et prédominante du génie militaire si extraordinaire de cet homme. On ne dit pas pour rien de quelqu'un doué d'une saine appréciation des choses de la guerre, qu'il a le *coup d'œil militaire*... Le marin voit bien au loin. Il distingue un oiseau, un objet qui flotte, là où d'autres n'aperçoivent absolument rien. Le montagnard apprécie

sollicitée par les aspérités du sol, et on dit que, dès l'âge de sept ans, il savait les utiliser dans des combats enfantins.

« La Corse avait mille charmes ; il en détaillait les grands traits, *la coupe hardie de sa structure physique*. Il disait que les insulaires ont toujours quelque chose d'original, par leur isolement qui les préserve des irruptions et du mélange perpétuel qu'éprouve le continent ; que les habitants des montagnes ont une énergie de caractère et une trempe d'âme qui leur est toute particulière. Il s'arrêtait sur les charmes de la terre natale : tout y était meilleur, disait-il ; il n'était pas jusqu'à l'odeur du sol même ; elle lui eût suffi pour le deviner les yeux fermés : il ne l'avait retrouvée nulle part... Il s'y trouvait dans sa jeunesse, *au milieu des précipices, franchissant les sommets élevés, les vallées profondes, les gorges étroites.* »

C'est la Corse, si tourmentée, dont il emportait l'image en France, non la nue et plate Champagne qu'il habita cinq ans (1779-1784), qui a formé, outre son caractère, fait qui n'est plus à établir, son génie lui-même, vérité un peu méconnue jusqu'ici. Accoutumé à considérer attentivement le sol, il ne détourna pas sa vue d'un pays, si différent du sien, où il devait, trente ans plus tard, livrer tant de batailles. Ce contraste même dut le frapper et lui inspirer une méthode d'observation de laquelle allaient dépendre toute sa renommée et toute sa puissance dans le monde.

Les images géographiques se présentent d'elles-mêmes dans ses premiers écrits. Ne lui arrive-t-il pas de dire : « Le sang méridional coule dans mes veines avec l'impétuosité du Rhône? » Il séjournait alors à Valence.

Officier d'artillerie, il ne pouvait manquer, ne fût-ce que par nécessité de métier, de redoubler d'attention et de zèle topographique. Et voilà comment il put un jour, par ce qu'on a appelé une divination de génie », la main dirigée vers le Petit Gibraltar, s'écrier : « C'est là qu'est Toulon. » A ce propos, nous relevons un passage singulièrement instructif du *Mémorial de Sainte-Hélène*[1] :

« Carteaux, le général en chef de l'armée française, était si borné qu'il était impossible de lui faire comprendre que, pour avoir Tou-

---

très bien les distances de flanc à flanc, de crête à crête, les profondeurs et les hauteurs, les sentiers et les routes, les passages, les gués. Son œil le sert avec promptitude et décision. Or, Bonaparte est Corse, il est montagnard, il est marin. Il a leurs qualités visuelles. Il apprécie vite et bien le terrain. » — Jusqu'à la campagne d'Italie, sa personne paraît se réduire « à deux yeux étincelants d'acuité et de volonté ».

1. Tome Ier, p. 76.

lon plus facilement, il fallait aller l'attaquer à l'issue de la rade ; et comme il était arrivé au commandant de l'artillerie de dire parfois, en montrant cette issue sur la carte, que c'était là qu'était Toulon[1], Carteaux le soupçonnait de n'être pas fort en géographie ; et quand enfin, malgré sa résistance, l'autorité des représentants[2] eut décidé cette attaque éloignée, ce général n'était pas sans défiance sur quelque trahison ; il faisait observer souvent avec inquiétude que Toulon n'était pas de ce côté. »

Les géographes qui, naguère à Toulouse et à Nantes, cherchaient noise aux topographes, ne ressemblaient-ils pas un peu au général Carteaux ?

Mais la supériorité de Bonaparte et le motif de cette supériorité éclatèrent bientôt à tous les yeux :

« Toutes les fois que l'ennemi tentait quelques sorties ou forçait les assiégeants à quelques mouvements rapides et inopinés, les chefs des colonnes et des détachements n'avaient tous qu'une même parole : « Courez au commandant de l'artillerie, disait-on ; demandez-lui ce qu'il faut faire ; *il connaît mieux les localités que personne.* »

Ceci se passait en 1793. Bonaparte n'avait alors que vingt-quatre ans[4].

L'année suivante, il est au quartier général de l'armée d'Italie, en face de ces Alpes, franchies, on sait à quel prix, par Annibal, et qu'il devait bientôt « tourner » avec tant de facilité et de succès. Il assiste à cette « partie de barres[5] » entre Austro-Sardes et Fran-

---

1. *Correspondance*, 25 octobre 1793. « Au comité de salut public. Du moment que nous serons maîtres de l'Éguillette et du cap Sepet, nous y établirons des batteries qui obligeront l'ennemi à évacuer les deux rades et nous dirigerons nos attaques sur la redoute et le front de Toulon le plus près de l'arsenal, qui est en même temps le plus faible. »
2. Parmi eux, il faut citer Gasparin (1750-1793), « homme de sens, qui avait servi ». C'est à ce représentant que Napoléon dut d'avoir vu son plan triompher des objections des comités de la Convention. Il en conserva un souvenir reconnaissant. « C'était Gasparin, disait-il, qui lui avait ouvert la carrière. » Gasparin mourut à Orange, avant la fin du siège de Toulon.
3. *Mémorial*, t. Ier, p. 79.
4. Il n'est que juste de rappeler que le *Mémorial* a peut-être exagéré l'autorité personnelle de Bonaparte devant Toulon. Il n'en est pas moins vrai que c'est à Toulon que le futur empereur se révéla à ses propres yeux et à ses supérieurs ; il mérita de passer d'emblée du grade de chef de bataillon à celui de général de brigade. D'autre part, l'un de ses écrits, le *Souper de Beaucaire*, nous le montre, dès le mois d'août 1793, en possession de ses principales maximes topographiques. Citons, entre autres, celle-ci, où l'on eût pu deviner Napoléon : « C'est dans les pays coupés que, par la vivacité des mouvements, l'exactitude du service et la justesse de l'évaluation des distances, le bon artilleur a la supériorité. »
5. *Correspondance*, 12 octobre 1795. Note sur la direction que l'on doit donner à l'armée d'Italie. « La prise de Ceva seule peut procurer à l'armée des cantonnements sûrs et terminer ce jeu de barres perpétuel que nous faisons depuis plusieurs années, sur les pentes des Alpes et des Apennins. »

çais, qui menaçait de s'éterniser. C'est la vue et l'étude de cette chaîne de montagnes, entre Gênes et le col de Tende, qui lui révéla toute l'importance de la topographie. Et lorsque, après la prise de camp de Saorgio, fruit de ses utiles conseils, il parut suspect à la Convention nationale comme protégé de Robespierre le jeune, il ne fut épargné que sur ce motif, catégoriquement exprimé, « que les connaissances topographiques du nommé Bonaparte pouvaient être utiles à l'État. » Il lui fut donné de préluder, sous les ordres du général Dumerbion, à sa célèbre campagne d'Italie [1].

Réformé, il fut, grâce au discernement de Pontécoulant, employé à la direction des cartes et plans du bureau topographique [2], circonstance décisive pour son avenir; le comité de salut public lui demanda de projets pour les généraux des armées de la République. Certes les cartes dont on disposait alors étaient fort imparfaites, si on excepte la carte de France de Cassini; les routes, à défaut de la configuration du terrain, y étaient du moins tracées. Cela lui suffit pour prendre une idée nette des distances, du temps requis pour les franchir. Devancer l'ennemi, le tourner, l'envelopper : voilà les problèmes qu'il agita avec une ardeur, une force d'attention [3], qui n'avaient pas encore été égalées [4]. Nous ne croyons pas, comme l'avance M. Taine, que, sauf des cas assez rares, vu le nombre forcément très restreint de ses observations personnelles, en l'absence de cartes topographiques, son imagination du relief des lieux aboutit à une « vision interne qu'il évoquait à volonté [5] ». Il faut, dans

---

1. « Il venait de parcourir, dit M. Jung (t. II, p. 412), le champ de bataille d'où il comptait lancer son premier bulletin de victoire. »
2. Doulcet, comte de Pontécoulant (1764-1853), député à la Convention, sénateur sous l'empire, puis pair de France.
3. Le colonel Jung a précisé ce point (*Bonaparte et son temps*, t. III, p. 57) : « Par arrêté du 21 août 1795, il avait été attaché à la commission chargée des plans de campagne et de la surveillance des armées de terre. Le 30, avis officiel lui en était donné. Dans cette position, il se trouvait être l'un des quatre officiers généraux « mis en réquisition par le comité de salut public pour la préparation des opérations »; le général de division Pully, adjoint au comité d'instruction; le général de brigade Clarke, au comité topographique; le général Lacuée, au comité de salut public. » Doulcet écrivait dès le 27 fructidor an III (13 septembre 1795) : « Le général de brigade Bonaparte a servi avec distinction à l'armée des Alpes, où il commandait l'artillerie. Mis en réquisition par le comité de salut public, il a travaillé avec zèle et exactitude dans la division de la section de la guerre chargée du plan de campagne et de la surveillance des opérations des armées de terre; et je déclare avec plaisir que je dois à ses conseils la plus grande partie des mesures utiles que j'ai proposées au comité pour l'armée des Alpes et d'Italie. » Bonaparte lui-même écrit, le 20 août 1795 : « *Je suis attaché au bureau topographique du comité de salut public.* »
4. Il écrit le 2 juin 1805 à son frère Jérôme : « C'est la volonté, le caractère, *l'application* et l'audace qui m'ont fait ce que je suis. »
5. Jourdan écrivait, le 18 mars 1794 : « Je suis absolument sans cartes. Il n'en existe point à l'état-major. Les généraux de division n'en ont point. Il m'est impossible de pouvoir bien servir sans cartes. Me faire passer le plus tôt possible la col-

toute la carrière militaire de Napoléon, bien distinguer la préparation même de la campagne, qu'il fait dans son cabinet topographique[1], étendu sur la carte routière, les marches et la concentration des troupes qui en dérivent, et l'examen, la plupart du temps rapide, mais sûr[2], grâce à son coup d'œil exercé, du champ de bataille, inconnu parfois la veille, où se décidera le sort de deux grandes nations.

Les passages qui suivent du *Mémorial* et de la *Correspondance* mettent en pleine lumière cette phase importante de la préparation[3] :

« La lecture d'Arcole a réveillé les idées de l'empereur sur ce qu'il appelait *ce beau théâtre d'Italie*. Il nous a commandé de le suivre au salon, et nous a dicté durant plusieurs heures. Il avait fait étendre une immense carte d'Italie, qui couvrait presque tout le plancher du salon, et, couché dessus, il la parcourait à quatre pattes, un compas et un crayon rouge à la main, comparant et mesurant les distances à l'aide d'une longue ficelle dont l'un de nous tenait une des extrémités. — « C'est comme cela, nous disait-il, riant de la posture où je le voyais, qu'il faut toiser un pays pour en prendre une idée juste, et faire un bon plan de campagne. » Ce qu'il a dicté peut servir de base à un très beau morceau de géographie politique[4] sur l'Italie. »

On s'explique ces paroles de Napoléon à Las Cases :

lection de Ferraris, coll. de Cassini ne s'étendant pas au delà de nos frontières (Jung, t. II, p. 451). Jomini, *Précis de l'art de la guerre*, t. Ier, ch. II, art. II, p. 95, dit : « A l'époque où la Révolution française commença, la topographie se trouvait encore à son enfance; excepté la carte semi-topographique de Cassini, il n'y avait guère que les ouvrages de Bakenberg qui méritassent ce nom. En 1796, l'armée de Moreau, pénétrant dans la Forêt-Noire, s'attendait à trouver des montagnes terribles, des défilés et des forêts dont l'antique Hercinie rappelait le souvenir avec des circonstances effrayantes : on fut fort surpris, après avoir gravi les berges de ce vaste plateau qui versaient sur le Rhin, de voir que ces versants et leurs contreforts seuls formaient des montagnes, et que le pays, depuis les sources du Danube jusqu'à Donawert, présentait des plaines aussi riches que fertiles... En 1813, toute l'armée de Napoléon et ce grand capitaine lui-même regardaient l'intérieur de la Bohème comme un pays fortement coupé de montagnes, tandis qu'il n'en existe guère de plus plat en Europe, dès qu'on a franchi la ceinture de montagnes secondaires dont il est entouré, ce qui est l'affaire d'une marche. »

1. Il eut un cabinet topographique à Sainte-Hélène, comme aux Tuileries; il eût désiré en établir un dans toutes les résidences impériales (*Correspondance*, 3 février 1806).
2. A Wagram, « l'armée française était presque toute à découvert et en plaine. L'armée ennemie s'était postée sur un long coteau où se trouvaient, de distance en distance, plusieurs villages retranchés, armés de nombreuses batteries, et liés les uns aux autres par des fossés couverts, par des épaulements en terre, avec un ruisseau bourbeux qui couvrait son front sur une assez grande étendue.... L'empereur se portait de tous les côtés, et pour mieux voir il avait une échelle double sur laquelle il montait et d'où il expédiait des ordres. » Ce passage est emprunté à une relation inédite de la bataille de Wagram par le général Édouard Colbert, citée dans la *Revue du Cercle militaire* (3 avril 1887).
3. *Mémorial*, t. II, p. 217 et 218.
4. De géographie physique, faut-il lire vraisemblablement.

« A présent que je connais vos cartes[1], que j'ai une idée juste du classement inappréciable qu'elles présentent, de l'impression ineffaçable qu'elles doivent inculquer aux enfants, quant aux temps, aux distances, aux embranchements, j'aurais voulu créer une espèce d'*École normale*[2] pour cet objet, ou en assurer du moins l'enseignement uniforme. »

M. Thiers se ralliait à cette pensée, quand il écrivait : « Les enfants doivent être pleins de la vue de son dessin, de ses lignes, de leurs rapports, de leur valeur. »

De Berlin, Napoléon mande, le 7 novembre 1806 :

« Faites partir quatre ingénieurs géographes pour Posen, pour qu'ils fassent la reconnaissance d'une circonférence de douze lieues dont Posen serait le centre, car c'est là que j'ai le projet de livrer bataille aux Russes s'ils veulent entrer[4]. »

Il écrit au maréchal Moncey :

« Comme vous connaissez parfaitement la frontière d'Espagne, qui est actuellement le théâtre de la guerre, je vous prie de vous rendre chez le ministre de la guerre, de bien méditer la position sur la plus grande carte qu'on puisse trouver. Si cela est nécessaire, faites-en faire un croquis, et lorsque vous serez parfaitement au fait de la situation des choses, vous viendrez me la faire connaître et conférer avec moi sur les ordres qu'il convient de donner[5]. »

Le voilà enfin général en chef de l'armée d'Italie, et c'est à ce moment unique de sa carrière qu'il doit de préférence être observé. En effet, son objectif, alors tout militaire, n'est pas placé, comme cela arrivera trop souvent plus tard, hors de portée. Il peut être présent partout où l'action s'engage. Il dispose donc de tous ses moyens dans un champ suffisamment restreint, quoique vaste encore. La montagne, d'où débouche l'ennemi, la plaine où il opère lui-même, ont une égale importance. Mais c'est le réseau compliqué du Pô, dans la partie septentrionale principalement,

---

1. *Mémorial*, I, p. 733. Napoléon désigne par là l'*Atlas historique et géographique* de Lesage (pseudonyme de Las Cases).
2. Comparer ce projet d' « École normale de géographie » et celui de Fourcroy.
3. La Société de Topographie de France a réalisé ce programme dès 1876, quelques mois avant la mort de M. Thiers.
4. Faisons encore ces deux citations empruntées également à l'année 1806, 15 avril-14 juin). « Occupez-vous un peu de la carte de la Bavière. Il serait bien important que l'on gravât cette carte et celle de Souabe, afin que nous sachions à quoi nous en tenir. » — « Il me semble utile qu'une personne que j'ai sous la main à Paris puisse me donner, lorsqu'il en sera besoin, des renseignements sur un théâtre (l'Istrie et la Dalmatie), qui, un peu plus tôt, un peu plus tard, sera l'objet de calculs militaires. »
5. *Correspondance*, Saint-Cloud, 10 novembre 1813.

qui donne lieu à la plupart des combinaisons stratégiques, ou pour mieux dire topographiques de Napoléon.

Combinaisons topographiques : qu'on retienne bien cette expression[1]. Certes, il ne suffisait pas à Napoléon de connaître la topographie des Alpes, de l'Apennin, du Pô et de ses affluents. Il lui fallait l'utiliser en vue de son but spécial. Aussi doit-on distinguer la science topographique du génie topographique, bien que celui-ci ne puisse s'exercer sans le concours de celle-là. D'une part, concevoir les mouvements qu'impliquent les linéaments de la surface terrestre et les effectuer en temps utile; d'autre part, prévoir ceux que l'adversaire peut faire soit spontanément[2], soit comme conséquence des premiers, et au besoin les neutraliser par un rapide changement dans l'évolution commencée : voilà ce qui importe souverainement. Il convient donc de chercher des points de repère ou, si l'on veut, d'arrêt[3]. Or, c'est l'esprit de localisation qui les découvre, cet esprit que, lors de l'autopsie de Napoléon à Sainte-Hélène, le docteur Antommarchi, imbu du système phrénologique de Gall, prétendait avoir découvert dans les replis de son cerveau.

Ainsi connaissance de la topographie d'un pays donné; combinaisons stratégiques fondées sur cette connaissance; localisation fréquente et précise; ajoutons locomotion rapide[4], en l'absence des moyens de transport dont les chemins de fer nous ont dotés ultérieurement : voilà les conditions auxquelles satisfaisait ce chef d'armée sans égal. Pourrait-on contester qu'indépendamment de

---

1. Parlant de Hohenlinden, l'empereur disait un peu durement (*Mémorial*, t. Ier, p. 747) : « C'était une de ces grandes actions enfantées par le hasard, *obtenues sans combinaisons*. Moreau, répétait-il alors, n'avait point de création, il n'était pas assez décidé; aussi valait-il mieux sur la défensive. »
2. *Correspondance*, 24 septembre 1808. « Cela dépend de ce que fait l'ennemi. A la guerre on prend son parti devant l'ennemi. On a toujours la nuit à soi pour se préparer. L'ennemi ne se place pas sans qu'on le reconnaisse; mais il ne faut pas calculer théoriquement ce que l'on veut faire, puisque cela est subordonné à ce que fait et fera l'ennemi. »
3. C'est ce que Jomini appelle « les points décisifs permanents que présente une frontière ou même toute l'étendue d'un pays ».
4. *Mémorial*, t. Ier, p. 202. Ce qu'on cite de plus fort est la course de Valladolid à Burgos, à franc étrier (trente-cinq lieues d'Espagne en cinq heures et demie, plus de sept lieues à l'heure). J'ai vu l'empereur au conseil d'État, traiter les affaires huit ou neuf heures de suite, et lever la séance avec les idées aussi nettes, la tête aussi fraîche qu'au commencement. Je l'ai vu lire à Sainte-Hélène, dix ou douze heures de suite, des sujets abstraits, sans en paraître nullement fatigué (p. 203). Il dort fort peu, et à des heures très irrégulières, se relevant au premier réveil pour lire ou pour travailler, et se recouchant pour redormir encore. — Il écrit le 13 octobre 1806, veille de la bataille d'Iéna, à l'impératrice Joséphine : « Je me porte à merveille; j'ai déjà engraissé depuis mon départ; cependant je fais, de ma personne, vingt et vingt-cinq lieues par jour, à cheval, en voiture, de toutes les manières. Je me couche à huit heures et je suis levé à minuit. »

son imperturbable sang-froid, de sa prodigieuse volonté, de sa force d'impulsion, de son tempérament de fer, dont nous ne nions pas l'efficacité, son sens topographique doit être signalé comme le principe, la condition *sine quâ non* de ses combinaisons et de leurs résultats également merveilleux?

Sans doute on dira que ces combinaisons il les doit aux mathématiques et à la géométrie[1]. Et l'on aura raison, en tant que ces sciences sont la plus haute expression du calcul[2]. Mais la topographie, qui sert de base aux supputations stratégiques, n'a rien absolument de géométrique ou de mathématique. Il s'agit ici de voir et de calculer d'après ce qu'on a vu.

Exemple mémorable de ce genre de calcul[3] :

« Le mont San Giacomo est tout à la fois le point le plus abaissé des Alpes et des Apennins, celui où finissent les unes et où commencent les autres. Savone, port de mer et place forte, se trouvait placée pour servir de dépôt et de point d'appui. De cette ville à la Madonna, il y a 3 milles; une chaussée ferrée y conduisait; et de la Madonna à Carcare il y a 6 milles, qu'on pouvait rendre praticables à l'artillerie en peu de jours. A Carcare, on trouve des chemins pour les voitures, qui conduisent dans l'intérieur du Piémont et du Montferrat; ce point était le seul par où l'on pût entrer en Italie sans trouver de montagnes. Les élévations du terrain y sont si peu de chose, qu'on a conçu plus tard, sous l'Empire, le projet d'un canal qui aurait joint l'Adriatique à la Méditerranée par le Pô, le Tanaro, la Bormida, et un système d'écluses depuis cette rivière jusqu'à Savone. En pénétrant en Italie par Savone, Cadibona, Carcare et la Bormida, on pouvait se flatter de séparer les armées sarde et autrichienne, puisque de là on menaçait également la Lombardie et le Piémont; on pouvait marcher sur Milan comme sur Turin. Les Piémontais avaient intérêt à couvrir Turin et les Autrichiens à couvrir Milan[1]. »

C'est ce premier grand calcul, cette première grande combi-

---

1. *Mémorial*, t. 1er, p. 555. On l'appela alors le *géomètre* des batailles, le *mécanicien* de la victoire.
2. *Correspondance*, 6 janvier 1806 : « A la guerre rien ne s'obtient que par calcul. »
3. *Campagne d'Italie*, dictée par Napoléon.
4. Il va de soi, nous le répétons, que ce n'est pas à l'aide de cartes topographiques, qui ne sont venues que plus tard, que Bonaparte obtint ses premiers triomphes, qu'il voulut mieux « éclairer » après les avoir remportés : « En faisant imprimer mes *Mémoires d'Italie*, se servir d'Albo pour les plans. J'ai fait relever tous les champs de bataille; il paraît même qu'il les a imprimés; on pourra se procurer au Dépôt de la guerre des plans que j'ai faits de plusieurs batailles; je soupçonne que Jomini en a eu connaissance. » (Testament de Napoléon.)

naison topographique, longuement méditée, qui lui ouvrit le chemin de la victoire, de la renommée, de la popularité, et finalement de la toute-puissance. *Il avait le pied à l'étrier.*

A Napoléon de nous faire connaître « les règles et les principes naturels de l'art, c'est-à-dire la justesse des combinaisons et le rapport raisonné des moyens avec leurs conséquences, des efforts avec les obstacles[1] ». Il est d'ailleurs facile de constater qu'il lui sont suggérés par une science consommée de la topographie.

S'agit-il d'une marche?

« Les distances que les corps d'armée doivent mettre entre eux dans les marches dépendent des *localités*, des circonstances et du but qu'on se propose. Ou le terrain est praticable partout, et alors pourquoi marcher sur un front de dix à quinze lieues? Ou il n'est praticable que sur un certain nombre de chaussées et de chemins vicinaux, et alors *on reçoit la loi des localités*[2]. »

En ce qui concerne les manœuvres :

« Dans des plaines comme la Hongrie, il faut manœuvrer d'une autre manière que dans les gorges de la Carinthie et de la Styrie. Dans les gorges de la Styrie et de la Carinthie, si l'on gagne l'ennemi de vitesse sur un point d'intersection, comme Saint-Michel par exemple, on coupe une colonne ennemie ; mais dans la Hongrie, au contraire, l'ennemi, aussitôt qu'il sera gagné de vitesse sur un point, se portera sur un autre. Ainsi je suppose que l'ennemi se dirige sur Raab, et que vous arriviez avant lui dans cette ville, l'ennemi, l'apprenant en route, changera de direction et se portera sur Pesth. En général, dans les pays de plaine, la cavalerie doit être seule, parce que seule, à moins qu'il ne soit question d'un pont, d'un défilé ou d'une position donnée, elle pourra se retirer avant que l'infanterie ennemie puisse arriver[3]. »

Avant tout, il faut que les différentes parties d'une armée soient liées. *Junctura pollet.*

« J'entends par ligne de communication celle où sont les hôpitaux, les secours pour les malades, les munitions de guerre, les vivres, où l'armée peut se réorganiser, se refaire et reprendre, en deux jours de repos, son moral perdu quelquefois par un accident imprévu. C'est bien différent d'opérer avec un système arrêté sur un

---

1. *Mémorial*, t. II, p. 438.
2. *Note sur l'art de la guerre.*
3. *Correspondance*, 6 et 7 juin 1809.

centre organisé, ou d'aller au hasard perdre ses communications sans avoir un centre d'opérations organisé[1]. »

Il recommande toujours ces centres de « correspondance », de « rapports », que révèle la topographie. Affaire capitale. « C'est le moyen d'être partout, puisque en deux marches, on peut se porter sur tous les points avec des forces imposantes. Point de garnisons; point de petits paquets[2]. » « Ce n'est pas en mettant des troupes partout que vous garderez tous les points, *c'est en les faisant marcher*[3]. »

C'est ce qu'on a toujours négligé dans la guerre d'Espagne.

« Je trouve les affaires d'Espagne mal conduites, et si mal conduites que je prévois des catastrophes si l'on ne donne pas plus d'activité et une impulsion plus vigoureuse aux mouvements des colonnes. On a laissé le temps aux Anglais de reformer une armée à Lisbonne. On a eu la coupable négligence de laisser le duc de Dalmatie trois mois sans communication. Il ne faut pas agir sur tous les points de la circonférence quand on n'a pas de communication. Une armée n'est rien que par la tête, et il faut avouer ici qu'il n'y en a aucune[4]. »

Avant tout, Napoléon nous apparaît comme le grand maître de l'espace où il semble se jouer. Bien que n'ayant été jamais bon marcheur[5], il excelle à faire marcher ses soldats. C'est comme ils le disent eux-mêmes, avec leurs jambes, qu'il remporte ses plus surprenants succès[6]. Ulm en est le frappant témoignage[7].

« Hohenlinden, Moreau, me rappellent une opinion bien caractéristique d'un général très distingué, Lamarque. Il avait été attaché à Moreau, s'était trouvé longtemps sous ses ordres, et, cherchant à me

1. *Correspondance*, 24 septembre 1808.
2. *Ibid.*, 16 avril 1808.
3. *Ibid.*, 27 mai 1806. Consulter tout particulièrement les Notes sur les affaires d'Espagne, du 30 août 1808. Il recommande la position de Burgos « également importante à tenir comme une ville de haute réputation, comme centre de communications et de rapports ». « Tudela doit être occupé, parce que c'est une position honorable et Milagro une position obscure. » « L'ennemi pourrait arriver à Estella en négligeant la position de Milagro et en coupant la communication avec Pampelune, D'Estella, il serait sur Tolosa; il y serait sans donner le temps de faire les dispositions convenables. Il n'est pas à craindre au contraire que l'ennemi fasse aucune opération sur Pampelune, tant que nous aurons Tudela; il serait lui même coupé sur Saragosse. »
4. *Ibid.*, 11 juin 1809. Après la bataille de Talavera, le 25 août 1809, il ajoute : « En Espagne, les affaires s'entreprennent sans maturité et sans connaissance de la guerre; le jour d'une action, elles se soutiennent sans ensemble, sans projet, sans décision. » (*Correspondance*, 18 octobre 1805).
5. C'est le *Mémorial* qui le constate.
6. « L'Empereur a trouvé une nouvelle méthode de faire la guerre; il ne se sert que de nos jambes, et pas de nos baïonnettes » (*Correspondance*, 18 octobre 1805).
7. *Correspondance, ibid.* « J'ai rempli mon dessein : j'ai détruit l'armée autrichienne par de simples marches; j'ai fait 60,000 prisonniers, pris 120 pièces de canon, plus de 90 drapeaux et plus de 30 généraux. »

faire comprendre la différence du génie de ce général avec celui de Napoléon, il disait : « Si les deux armées eussent été en présence et prêtes à combattre, je me serais mis dans les rangs de Moreau tant il y aurait eu de régularité, de précision, de calcul; il était impossible de lui être supérieur à cet égard, peut-être même de l'égaler. Mais si les deux armées étaient venues au-devant l'une de l'autre, à la distance de cent lieues, l'Empereur eût escamoté trois, quatre, cinq fois son adversaire, avant que celui-ci eût eu le temps de se reconnaître [1]. »

La critique, mêlée d'éloges, que Napoléon fait, dans ses dictées de Sainte-Hélène, de Condé, de Turenne et de Frédéric II, nous aide à mieux saisir son diagnostic; il dirait « ses principes ».

A Condé il fait une leçon méritée pour sa fougue devant Fribourg :

« Le prince de Condé a violé un des principes de la guerre de montagnes : ne jamais attaquer les troupes qui occupent de bonnes positions dans les montagnes, mais les débusquer en occupant des camps sur leurs flancs ou leurs derrières [2]. »

Grand éloge, au contraire, de Turenne pour ses admirables manœuvres sur les rives de l'Escaut (1655) :

« Turenne fut fidèle aux deux maximes : 1° N'attaquez pas de front les positions que vous pouvez obtenir en les tournant; 2° ne faites pas ce que veut l'ennemi, par la seule raison qu'il le désire; évitez le champ de bataille qu'il a reconnu, étudié, et encore avec plus de soin celui qu'il a fortifié et où il s'est retranché. »

Mais, au sujet de la campagne d'Alsace, quelque admirable qu'elle soit, l'empereur ne laisse pas de trouver à redire :

« Si Turenne eût marché avec plus de rapidité, il eût obtenu de grands résultats; tous les quartiers de l'ennemi ont eu le temps de se rallier, de sorte qu'au camp de Colmar il a trouvé toute l'armée réunie; *il eût dû prévenir la réunion*. Il a dans cette occasion montré plus de talent dans la conception de ce plan que dans l'exécution ».

---

1. *Mémorial*, t. 1ᵉʳ, p. 748.
2. Cf. l'oraison funèbre de Condé par Bossuet : « Quel objet se présente à mes yeux ! Ce n'est pas seulement des hommes à combattre: *c'est des montagnes inaccessibles*; c'est des ravins et des précipices, etc., » et la conclusion de Michelet (*Histoire de France*, t. XII, p. 205) : « Condé, en face de la très petite armée du très grand général Mercy, voulut attaquer par le côté le plus glorieux, c'est-à-dire par l'inaccessible. Il refusa comme indigne d'un prince l'offre qu'on lui faisait de le conduire derrière et de lui faire battre l'ennemi. » Un pareil trait différencie suffisamment le génie de Condé et celui de Napoléon, en laissant tout l'avantage à ce dernier.

Frédéric II n'est guère en possession d'une méthode[1] qui satisfasse Napoléon, qu'à l'âge de quarante-six ans, c'est-à-dire à celui où son critique était déjà relégué à Sainte-Hélène.

« La bataille de Leuthen est un *chef-d'œuvre de mouvement*, de manœuvres et de résolution; seule elle suffirait pour immortaliser Frédéric et lui donner rang parmi les grands généraux. Toutes ses manœuvres, à cette bataille, sont conformes aux principes de la guerre. »

Si nous avons bien compris Napoléon, il reproche à Condé une audace excessive, à Turenne une trop grande timidité dans l'exécution[2]; quant à la supériorité de Frédéric, dans ses premières campagnes, elle est, au fond, moins imputable à son génie militaire qu'à la médiocrité de ses adversaires.

Les campagnes et les journées les plus mémorables de Napoléon sont trop connues pour que nous ayons besoin de montrer par le menu qu'elles confirment les règles qu'il vient d'énoncer d'une façon si précise. Nous renvoyons nos lecteurs à Rivoli[3], à Marengo[4], à Austerlitz, à Iéna[5], à Friedland[6], à Wagram.

---

1. Peu auparavant, il provoque, par la bataille de Kollin, perdue par lui, cette observation de Napoléon : « Ne faites pas de marche de flanc devant une armée en position, surtout lorsqu'elle occupe les hauteurs au pied desquelles vous devez défiler. »
2. *Correspondance*, 30 juillet 1806. « L'art d'être tantôt audacieux et tantôt très prudent est l'art de réussir ».
3. *Ibid.*, 18 janvier 1797, au Directoire : « Je fis garnir le plateau de Rivoli d'artillerie, et je disposai le tout afin de prendre, à la pointe du jour, une offensive redoutable, et de marcher moi-même à l'ennemi. L'ennemi qui avait déjà pénétré sur le plateau, attaqué vivement de tous côtés, laissa un grand nombre de morts, une partie de son artillerie, et rentra dans la vallée de l'Adige. »
4. *Ibid.* Bulletin de l'Armée de réserve, 15 juin 1800. Marengo. « L'ennemi avançait sur toute la ligne, faisait un feu de mitraille avec plus de 100 pièces de canon. Les routes étaient couvertes de fuyards, de blessés, de débris : la bataille paraissait perdue. On laissa avancer l'ennemi jusqu'à une portée de fusil du camp de San-Giuliano, où était en bataille la division Desaix, avec huit pièces d'artillerie légère en avant et deux bataillons en potence, en colonne serrée, sur les ailes. Tous les fuyards se ralliaient derrière. Déjà l'ennemi faisait des fautes qui présageaient sa catastrophe : il étendait trop ses ailes. Desaix aborde au pas de charge et par le centre. Dans un instant l'ennemi est culbuté ».
5. *Ibid.* Du 13 au 15 octobre 1806. Iéna. « Tournée par sa gauche, prise en flagrant délit au moment où elle se livrait aux combinaisons les plus hasardées, l'armée prussienne se trouve dès le début dans une position fort critique. Enfin le voile est déchiré, l'ennemi commence sa retraite sur Magdebourg. Les événements se succèdent avec rapidité. L'armée prussienne est prise en flagrant délit, ses magasins enlevés; elle est tournée. Le 13, à deux heures après-midi, l'Empereur arriva à Iéna, et, sur le petit plateau qu'occupait notre avant-garde, il aperçut les dispositions de l'ennemi qui paraissait manœuvrer pour attaquer le lendemain et forcer les divers débouchés de la Saale. L'ennemi défendait en force et par une position inexpugnable la chaussée d'Iéna à Weimar, et paraissait penser que les Français ne pourraient déboucher dans la plaine sans avoir forcé ce passage. Il ne paraissait pas possible, en effet, de faire monter de l'artillerie sur le plateau qui, d'ailleurs, était si petit que quatre bataillons pouvaient à peine s'y déployer. On fit travailler toute la nuit à un chemin dans le roc, et l'on parvint à conduire l'artillerie sur la hauteur. »
6. A Eylau (*Correspondance*, 58e bulletin de la grande armée), « une neige épaisse

Austerlitz suffirait à confirmer cette parole de l'Empereur « que ses batailles ne peuvent être jugées isolément, qu'elles n'avaient point d'unité de lieu, d'action, et d'intention, qu'elles n'étaient jamais qu'une partie de vastes combinaisons »[1]. Cette fameuse journée montre avec quelle facilité, la topographie aidant, il était parvenu à circuler, à évoluer dans une région donnée.

Le 28 mars 1806, le général Kutusoff, le vaincu d'Austerlitz, celui-là même qui devait, grâce aux frimas de la Russie, prendre sur les Français une si terrible revanche, avait présenté à l'Empereur Alexandre, de cette journée une relation officielle que Napoléon lui-même rétorqua sous le pseudonyme de M..., officier français. Dans ces pages magistrales éclate en traits de feu le génie topographique de l'Empereur. Elles devraient figurer dans un choix d'extraits de la *Correspondance* qui, fait avec discernement, inspirerait aux moins militaires de nos lecteurs le goût et l'intelligence de la topographie.

« La bataille d'Austerlitz n'est que le résultat du plan de campagne de la Moravie. Dans un art aussi difficile que celui de la guerre, *c'est souvent dans le système de campagne qu'on conçoit le système d'une bataille* [2]; il n'y aura que les militaires très exercés qui comprendront ceci[3]. Les personnes qui étaient auprès de l'Empereur l'ont entendu dire, quinze jours avant, sur les hauteurs de la poste et des étangs, en revenant de la reconnaissance de Wischau : *Reconnaissez bien toutes ces hauteurs; c'est ici que nous nous battrons avant deux mois.* Ils ne firent pas attention à ces paroles; mais le lendemain de la bataille, ils s'en ressouvinrent.

» L'Empereur disait, l'avant-veille, en parcourant les hauteurs de Pratzen, les villages de Sokolnitz, Telnitz et Mœnitz : « *Si je voulais empêcher l'ennemi de passer, c'est ici que je me placerais;* mais je n'aurais qu'une bataille ordinaire ». Si, au contraire, je refuse ma droite en la retirant vers Brünn et que les Russes abandonnent ces

---

et telle qu'on ne distinguait pas à deux pas couvr't les deux armées; dans cette obscurité, le point de direction fut perdu, et les colonnes, s'appuyant trop à gauche, flottèrent incertaines. » Il n'en fut pas de même à la journée « lumineuse » de Friedland (*Correspondance*, 79ᵉ bulletin de la grande armée, 17 juin). « L'Empereur, après avoir reconnu la position, décida d'enlever sur-le-champ la ville de Friedland, en faisant brusquement ce changement de front, la droite en avant, et fit commencer l'attaque par l'extrémité de sa droite. »

1. *Mémorial*, t. II, p. 166.
2. *Moniteur* du 21 avril 1806. *Correspondance*, t. XII, p. 278.
3. Ce qui donne à entendre que les militaires seuls à cette époque se souciaient de la configuration du sol.

hauteurs, fussent-ils 300 000 hommes, ils sont pris en flagrant délit et perdus sans ressources.

» Le lendemain, les ennemis couronnèrent en masse les hauteurs de Pratzen : « L'ennemi y restera longtemps, dit l'Empereur, s'il attend que j'aille le dépister de là. » En effet, si les Russes avaient montré cette sagesse et n'eussent pas abandonné les hauteurs, il est probable que *l'Empereur eût décampé pour occuper les positions en arrière de Brünn*. Par ce mouvement, il offrait aux ennemis une nouvelle tentation de se placer entre cette ville et Vienne, et pouvait alors, ou les prendre en queue pendant qu'ils seraient engagés dans les défilés de Nikolsbourg, ou bien les jeter dans le Danube. L'Empereur avait un avantage à cette manœuvre, parce qu'il aurait eu 40 000 hommes de plus, puisque tout le corps de Vienne, même celui du général Marmont, qui était à Gratz, serait arrivé à temps pour attaquer l'ennemi à une demi-journée de Vienne, et placer ainsi les Russes entre deux armées françaises.

» Les Français tinrent réunies leurs troupes près de Pratzen de *manière que les 69 000 hommes étaient dans la main de l'Empereur comme un bataillon dans la main d'un bon major, prêts à tout, même à se retirer, si l'ennemi était sage.*

» A deux heures du matin, on fut instruit que l'ennemi, au lieu de prendre position et de faire construire des batteries de campagne sur les hauteurs de Pratzen, faisait filer son artillerie et paraissait n'attendre que la pointe du jour pour continuer sa marche. On ne douta plus alors que l'ennemi n'offrît le lendemain l'occasion favorable de l'attaquer. En effet, aux premiers rayons du soleil, on aperçut les hauteurs de Pratzen se dégarnissant, et l'ennemi descendant comme un torrent dans la plaine. Tout était prêt pour la retraite comme pour la bataille; les maréchaux, autour de l'Empereur, attendaient son dernier ordre. *Chacun savait son rôle dans ce double mouvement.*

» A un signal donné, le maréchal Soult se dirigea sur les hauteurs de Pratzen avec les divisions des généraux Vandamme et Saint-Hilaire et coupa entièrement la droite ennemie dont tous les mouvements devinrent incertains. Surprise par une marche de flanc pendant qu'elle fuyait, se croyant attaquante et se voyant attaquée, elle se regarde comme à demi battue[1].

» Il n'est pas extraordinaire qu'aux yeux des Russes l'armée

---

1. *Correspondance*, 30e bulletin de la grande armée, 3 décembre 1805.

française ait paru immense. Ils ont tellement disséminé leurs troupes sur le champ de bataille, et les Français les ont si bien employées, que la grande armée russe a paru une division, et l'armée française, plus petite, a paru innombrable. Aussi l'empereur Alexandre disait-il le lendemain au général Savary : « Vous étiez moins nombreux que moi, et cependant vous étiez plus forts partout. — C'est là l'art de la guerre, lui répondit le général[1]. »

Après le sanglant échec d'Essling, causé par la rupture subite des ponts du Danube, l'Empereur, qui, durant quarante jours, n'a reculé ni avancé d'un pas, enlève à l'archiduc Charles, le plus digne de ses adversaires, par une série d'habiles manœuvres, ses grands avantages topographiques.

« Les villages d'Aspern, d'Essling, d'Enzersdorf et les intervalles qui les séparaient étaient couverts de redoutes palissadées, fraisées et armées de plus de cent cinquante canons de position, tirés des places de la Bohême et de la Moravie. On ne concevait pas comment il était possible qu'avec son expérience de la guerre, l'Empereur voulût attaquer des ouvrages si puissamment défendus, soutenus par une armée qu'on évaluait à 200 000 hommes, tant de troupes de ligne que de milices et de l'insurrection, et qui étaient appuyés par une artillerie de huit ou neuf cents pièces de campagne. Il paraissait plus simple de jeter des nouveaux ponts sur le Danube quelques lieues plus bas et de rendre ainsi inutile le champ de bataille préparé par l'ennemi. Mais, dans ce dernier cas, on ne voyait pas comment écarter les inconvénients qui avaient déjà failli être funestes à l'armée, et parvenir, en deux ou trois jours, à mettre ces nouveaux ponts à l'abri des machines de l'ennemi. D'un autre côté, l'Empereur était tranquille. On voyait élever ouvrages sur ouvrages dans l'île Lobau, et établir sur le même point plusieurs ponts sur pilotis et plusieurs rangs d'estacades[2]. Cette situation de l'armée française placée entre ces deux grandes difficultés n'avait pas échappé à l'ennemi. Il concevait que son armée, trop nombreuse et pas assez maniable, s'exposerait à une perte certaine si

---

1. *Correspondance*, Bulletin, 8 juillet 1809.
2. Dès le 3 juillet 1809 (*Correspondance*), l'Empereur s'écriait : « Il n'existe plus de Danube pour l'armée française, le général comte Bertrand a fait exécuter des travaux qui excitent l'étonnement et inspirent l'admiration. L'île Lobau est une place forte ; il y a des manutentions, des vivres, cent pièces de gros calibre et vingt mortiers et obusiers de siège en batterie. » On sait qu'en 1805, Napoléon avait « supprimé » le Danube à moins de frais (*Correspondance*, 13 novembre 1805) : « Je suis entré à Vienne ce matin. Je me suis emparé du pont du Danube. Le pont de Vienne me met à même de marcher sur eux on ne sait pas ce qui leur arrivera. »

elle prenait l'offensive; mais en même temps il croyait qu'il était impossible de le déposter de la position centrale où il couvrait la Bohême, la Moravie et une partie de la Hongrie. Il est vrai que cette position ne couvrait pas Vienne et que les Français étaient en possession de cette capitale; mais cette possession était, jusqu'à un certain point, disputée, puisque les Autrichiens se maintenaient maîtres d'une rive du Danube et empêchaient les arrivages des choses les plus nécessaires à la subsistance d'une grande cité. Telles étaient les raisons d'espérance et de crainte, et la matière des conversations des deux armées.

» Le 5, aux premiers rayons de soleil, tout le monde reconnut quel était le projet de l'Empereur, qui se trouvait alors avec son armée en bataille sur l'extrémité de la gauche de l'ennemi, ayant rendu tous ses ouvrages inutiles *en obligeant ainsi les Autrichiens à sortir de leurs positions et à venir lui livrer bataille dans le terrain qui lui convenait.* Ce grand problème était résolu, et sans passer le Danube ailleurs, sans recevoir aucune protection des ouvrages qu'on avait construits, on forçait l'ennemi à se battre à trois quarts de lieue de ses redoutes. On présagea dès lors les plus grands résultats.

» L'Empereur fit alors déployer toute l'armée dans l'immense plaine d'Enzersdorf. Depuis midi jusqu'à neuf heures du soir, on manœuvra dans cette immense plaine, on occupa tous les villages; et à mesure qu'on arrivait à la hauteur des camps retranchés de l'ennemi, ils tombaient d'eux-mêmes et comme par enchantement. Le duc de Rivoli les faisait occuper sans résistance. C'est ainsi que nous nous sommes emparés des ouvrages d'Essling et d'Aspern, et que le travail de quarante jours n'a été d'aucune utilité à l'ennemi. Il fit quelque résistance au village de Raasdorf, que le prince de Ponte-Corvo fit attaquer et enlever par les Saxons. L'ennemi fut partout mené battant et écrasé par la supériorité de notre feu. Cet immense champ de bataille resta couvert de ses débris.

» Il fallait s'attendre à avoir le lendemain une grande bataille, mais on l'évitait et on coupait la position de l'ennemi en l'empêchant de concevoir aucun système, si dans la nuit on s'emparait du village de Wagram. Alors sa ligne, déjà si immense, prise à la hâte et par les chances de combat, laissait errer les différents corps de l'armée sans ordre et sans direction, et on en aurait eu bon marché, sans engagement sérieux. L'attaque de Wagram eut lieu; nos troupes emportèrent ce village; mais une colonne de Saxons et une colonne de Français se prirent, dans l'obscurité, pour des troupes ennemies, et cette opération fut manquée. On se prépara alors à la bataille de Wagram. Il paraît que les dispositions du général français et du général autrichien furent inverses. L'*Empereur passa toute la nuit à rassembler ses forces sur son centre*, où il était de sa personne, à une portée de canon de Wagram. Le général autrichien, au contraire, affaiblissait son centre pour garnir et augmenter ses extrémités, auxquelles il donnait une nouvelle étendue. L'intervalle d'Aspern à Wagram paraissait couvert d'une immense ligne d'artillerie. Il n'y eut plus à en douter. L'ennemi commettait une énorme faute; il ne s'agissait que d'en profiter.

» Dans un clin d'œil, le centre de l'ennemi perdit une lieue de terrain; sa droite épouvantée sentit le danger de la position où elle s'était placée et rétrograda en grande hâte.

» A midi, le comte Oudinot marcha sur Wagram pour aider à l'attaque du duc d'Auerstaedt. Il y réussit et enleva cette importante position. Dès dix heures, l'ennemi ne se battait plus que pour sa retraite; dès midi elle était prononcée et se faisait en désordre; et, beaucoup avant la nuit, l'ennemi était hors de vue... *Coupé de la Hongrie et de la Moravie, il se trouvait acculé du côté de la Bohême.* »

L'exemple de Wagram ne montre-t-il pas que c'est surtout au moment de l'action que le diagnostic topographique acquiert son maximum d'intensité et d'effet? Tout alors devient affaire de structure du terrain et d'altitude. C'est d'après la hauteur et le relief des lieux que les différentes armes devront être disposées. Se saisir d'un point dominant négligé par l'adversaire ou l'en déloger, s'il l'occupe, par des feintes habiles, sera le gage certain du succès. Le grand Condé par instinct[1], Frédéric II, d'une façon toute méthodique, ont, sous ce rapport, donné l'exemple à Napoléon; mais nous n'hésitons pas à dire que, plus qu'aucun chef d'armée, il sut sonder et utiliser les moindres replis du sol, y « adapter » les troupes placées sous son commandement.

---

1. Le « signalement » de Condé par Bossuet est bien connu : « Le voyez-vous comme il considère tous les avantages qu'il peut ou donner ou prendre? avec quelle vivacité il se met dans l'esprit, en un moment, les *temps*, les *lieux*, les *personnes*? » (*Oraison funèbre de Louis de Bourbon*). Cet instinct topographique se retrouve à un haut degré dans Jeanne d'Arc. Parvenu dans notre étude sur l'héroïne nationale au moment où elle se révèle comme guerrière, nous avons cru nous assurer quelque chance de la mieux comprendre en intercalant cet essai sur Napoléon.

Cela étant, c'est, par sa présence bien effective seule, que le maximum d'effet, tant dans l'action proprement dite que dans l'ensemble de la campagne, peut être atteint. Qu'une indisposition retienne Napoléon, non pas loin du champ de bataille, mais tout à côté, désarçonné pour ainsi dire, on aura une action incohérente, telle que la Moscowa[1], ou bien, pis encore, telle que Waterloo[2].

Grande difficulté pour le général en chef de se renseigner suffisamment : « L'Empereur avait dormi sur le champ de bataille de Wagram et de Bautzen, durant le combat même, et fort en dedans de la portée des boulets. Il disait sur cela qu'indépendamment de l'obligation d'obéir à la nature, ces sommeils offraient au chef d'une grande armée le précieux avantage d'attendre avec calme les rapports et la concordance de toutes ses divisions, au lieu de se laisser emporter peut-être par le seul objet dont il serait témoin[3]. »

Cette méthode ne trahit-elle pas aussi un peu de lassitude ?

Qu'on se réfère aux exigences physiques d'un tel métier, où le génie n'a son plein jeu que dans l'examen à la fois minutieux et bien coordonné des localités où l'on se bat, et on conclura que la guerre réserve aux moindres défaillances, je ne dis pas de l'esprit, mais du corps, des châtiments sévères.

Dans la transmission et l'exécution des ordres, quelle déperdition parfois dans les meilleures combinaisons[4] !

« Si j'ai un défaut, c'est de m'expliquer trop vertement, trop laconiquement peut-être[5]; je me contente de prononcer; j'ordonne, parce que je m'en repose ensuite, pour les formes et les détails, sur les intermédiaires qui exécutent; et Dieu sait si, sur ce point, j'ai beaucoup à me louer. »

Le principal de ces intermédiaires fut, on le sait, Berthier, qu'il fit ministre de la guerre, maréchal de France, vice-connétable, souverain de Neuchâtel et Valengin[6], prince de Wagram, et qu'il

---

1. *Mémorial*, t. 1ᵉʳ, p. 403.
2. Et presque constamment en Espagne, où il n'a fait qu'une courte apparition.
3. *Mémorial*, t. 1ᵉʳ, p. 561 et 562. « Je ne pouvais pas être partout; j'avais trop à faire avec les armées du continent. J'étais bien puissant, bien fureteur, et ne croyez pas pourtant que je vinsse à bout de vérifier tout ce que je voulais autour de moi. »
4. *Mémorial*, t. 1ᵉʳ, p. 724.
5. Exemples de ce laconisme. A Dresde, 12 mai 1813. Ordre au vice-roi Eugène : « Partez ce soir et rendez vous à Munich pour vous porter de là en Italie. » — 1ᵉʳ juillet 1812. Ordre à Soult : « Vous prendrez toutes les mesures pour rétablir nos affaires en Espagne, pour conserver Pampelune, Saint-Sébastien et Pancorbo, enfin toutes les mesures que les circonstances demandent. »
6. *Correspondance*, 31 mars 1806. « J'ai donné à Berthier Neuchâtel, parce que je devais commencer à penser à celui qui me sert depuis longtemps et qui ne m'a

précis de la manière suivante : « Ses talents, son mérite, étaient spéciaux et techniques. L'Empereur, dans ses campagnes, avait Berthier dans sa voiture ; c'était pendant sa route, et sur les grands chemins, que l'Empereur parcourait les livres d'ordre et les états de situation, arrêtait ses plans et ordonnait ses mouvements. Berthier en prenait note, et, à la première station, il expédiait à son tour les ordres avec une régularité, une précision et une promptitude admirables. C'était un travail pour lequel il était toujours prêt et infatigable. » Berthier, sans invention, mais sans distraction, fut longtemps le parfait chef d'état-major, le parfait major-général de la grande armée[1].

Clarke, comte de Hunebourg et duc de Feltre[2], successeur de Berthier au ministère de la guerre (1807-1814), et chargé, pour une bonne part, de l'organisation militaire, avait été secrétaire, par le choix de Carnot, de ce bureau topographique où avait si utilement médité Bonaparte. Au dire de celui-ci, le premier talent de Clarke était d'être un grand travailleur.

Des vingt-six maréchaux créés par l'Empereur Napoléon[3], combien peu ont conquis la renommée de bons manœuvriers ! Masséna, Davout, Lannes, Soult, Suchet[4], Gouvion-Saint-Cyr, les deux premiers seuls avec éclat[5] : encore Masséna perdit-il en Portugal, contre Wellington, son titre d'*Enfant chéri de la Victoire*. Les autres, Murat, Ney, etc., durent se contenter d'être des héros, des « lions » et, plus d'une fois, leur manque de sens topographique, de « calcul », de « combinaison », provoqua de lamentables revers.

Nous empruntons à la *Correspondance*[6] un lugubre exemple de la déperdition signalée plus haut.

---

jamais manqué. » 1er avril 1806. « Celui que j'ai nommé mon compagnon d'armes, que la postérité mettra partout à côté de moi. »

1. L'excellent topographe et paysagiste Bacler d'Albe, général de brigade en 1813, directeur du cabinet topographique de l'Empereur et du Dépôt de la guerre, suivait également partout l'Empereur et dressait l'esquisse des mouvements des troupes projetés pour le lendemain.

2. Clarke ne fut maréchal de France que sous Louis XVIII (1816).

3. *Moniteur universel* du 1er prairial an XII de la République (21 mai 1804). Décret impérial. « Napoléon, empereur des Français, décrète ce qui suit : Sont nommés maréchaux de l'Empire les généraux : Berthier, Murat, Moncey, Jourdan, Masséna, Augereau, Bernadotte, Soult, Brune, Lannes, Mortier, Ney, Davoust, Bessières. Le titre de maréchal de l'Empire est donné aux sénateurs : Kellermann, Lefebvre, Perignon, Sérurier, qui ont commandé en chef. Donné à Saint-Cloud, le 29 floréal (19 mai) an XII. Signé, Napoléon. Pour l'Empereur, le secrétaire d'État, signé, H.-B. Maret » En 1807, est fait maréchal, Victor ; en 1809, Oudinot, Macdonald, Marmont ; en 1811, Suchet ; en 1812, Gouvion-Saint-Cyr ; en 1813, Poniatowski ; en 1815, Grouchy.

4. Suchet a été incontestablement un des meilleurs « topographes » de l'époque impériale. Voir ses *Mémoires sur ses campagnes en Espagne*.

5. Au-dessus d'eux, il semble avoir définitivement placé Kléber et surtout Desaix.

6. *Correspondance*, 6 juin 1806. « Dans le métier de la guerre comme dans les lettres

« L'Empereur avait ordonné au génie de pratiquer des fougasses sous le grand pont qui est entre Leipzig et Lindenau, afin de le faire sauter au dernier moment, de retarder ainsi la marche de l'ennemi, et de laisser le temps aux bagages de filer. Ce général Dulauloy avait chargé le colonel Montfort de cette opération. Ce colonel, au lieu de rester sur les lieux pour la diriger et pour donner le signal, ordonna à un caporal et à quatre sapeurs de faire sauter le pont aussitôt que l'ennemi se présenterait. Le caporal, homme sans intelligence, et comprenant mal sa mission, entendant les premiers coups de fusil tirés des remparts de la ville, mit le feu aux fougasses et fit sauter le pont : une partie de l'armée (12 000 hommes) était encore de l'autre côté avec un parc de quatre-vingts bouches à feu et quelques centaines de voitures... Les désordres qu'il a portés dans l'armée ont changé la situation des choses. L'armée victorieuse arrive à Erfurt comme y arriverait une armée battue. On se figure facilement la profonde douleur de l'Empereur, qui voit, par un oubli de ses prudentes dispositions, s'évanouir les résultats de tant de fatigues et de travaux. »

Dans les désastres de 1812, 1813, 1814 et 1815, nous allons voir que les lieutenants de Napoléon et Napoléon lui-même sont justiciables de la topographie. Ce n'est pas impunément que le grand capitaine a laissé enfreindre et enfreint à son tour ses propres principes.

La carrière militaire de Napoléon — nous négligeons ici les campagnes où il n'exerçait pas encore le commandement suprême — comprend trois phases.

Dans la première (1796-1800), nous le voyons deux fois dans l'Italie septentrionale, son champ de bataille privilégié et fatidique, où il devait triompher, après dix mois d'efforts, à Rivoli ; après dix jours, à Marengo. Entre ces deux victoires, qui firent de lui, l'une le premier des généraux de la République, l'autre le premier des chefs d'État de l'Europe, se place la campagne d'Égypte, qui, au point de vue militaire, reste hors cadre et que nous réservons pour des considérations d'un ordre différent.

Durant plus de cinq années (juin 1800-octobre 1805), laps de temps notable dans une carrière aussi courte que la sienne, Napo-

chacun a son genre. S'il y avait des attaques vives, prolongées et où il fallut payer beaucoup d'audace, Masséna serait plus propre que Reynier. Pour garantir le royaume de toute descente pendant votre absence, Jourdan est préférable à Masséna ».

léon ne préside à aucune bataille. Bien que toujours hanté de grands desseins guerriers, le général victorieux *semble*, après le traité de Lunéville, s'être subordonné au premier consul.

Devenu empereur, il est tout entier aux combats. Comme à l'époque de sa première campagne, il se meut et meut ses soldats avec une étonnante rapidité ; mais, au lieu de bien circonscrire son champ d'opérations, il « circule » dans toute l'Europe occidentale. C'est sa seconde phase militaire qui s'annonce. De 1805 à 1809, on le rencontre dans l'Allemagne du Sud et dans l'Allemagne du Nord, en Pologne et en Prusse, et, bien loin de la Prusse, en Espagne! En juillet 1807, il était à Tilsitt, sur le Niémen ; en décembre 1808, il est à Madrid ; en mai 1809, à Vienne.

Survient un nouvel arrêt dans ses évolutions stratégiques, progressivement élargies (1809-1812). Ce n'est pas qu'il y ait faute de guerre. La guerre est partout. L'empereur pourrait, par exemple, choisir l'Espagne, où la lutte s'éternise. Mais, outre que des considérations d'ordre à la fois topographique et politique s'y opposent, le maître de l'espace, comme nous l'avons appelé, le génie du mouvement, pour mieux dire peut-être, ne pouvait pas se réduire au champ clos séculaire des chrétiens et des musulmans du moyen âge[1].

Il était sans doute conforme à un tempérament et à un génie aussi extraordinaire d'embrasser, dans sa stratégie, des étendues de plus en plus vastes. Piège dangereux même pour Napoléon! C'est pour avoir abusé de l'espace qu'il le verra si promptement se resserrer autour de lui, et qu'en moins de deux ans il perdra jusqu'au pivot de ses gigantesques expéditions, Paris. Même dans cet instant fatal, il prétendait regagner d'un bond tout le terrain qu'il occupait naguère.

Dans ses campagnes de Russie, d'Allemagne, de France et de Belgique, nous chercherons l'erreur topographique dominante, et qui, suivant ses principes mêmes, devait lui causer des échecs irrémédiables. Il est fâcheux pour nous et pour lui qu'il n'ait pas fait la critique impartiale de cette troisième et dernière phase de sa car-

---

1. Littré : *Sur le génie militaire de Bonaparte* (in-32, 1872, Bureaux de l'*Éclipse*), donne un peu à côté du vrai quand il écrit : « Il passe tout 1810 et 1811 dans son palais. Pourquoi cette inaction chez un homme si actif, qui, l'année d'avant, s'était précipité en Espagne, qui s'était élancé sur Vienne et sur le Danube, et qui allait, en 1812, entreprendre la lointaine expédition de Russie? La raison en est manifeste : l'Espagne lui offrait un genre de guerre *pour lequel il n'avait aucune aptitude*. »
2. Cette expression : « Je suis plus près de Vienne que les alliés de Paris », lui était devenue familière.

rière militaire (1812-1815). Nous y suppléerons à l'aide d'éminents écrivains spéciaux. Aussi bien, chemin faisant, nous n'omettrons pas les manifestations éclatantes d'un génie plein de ressources, qui, dans la situation qu'il s'était faite, pouvait retarder l'heure de la chute, mais non finalement vaincre.

Point à noter : c'est la campagne de Russie, où il perdit sa grande armée et son immense prestige personnel, qui offre, dans la série désormais ininterrompue de ses désastres, le moins de griefs militaires proprement dits. Si des précautions, où éclate plus que jamais son sens topographique, n'avaient été prises par lui avec une prévoyance que semblait exclure une telle expédition, ou si ses adversaires, singulièrement acharnés et vigilants, avaient eu, dans cet art, une aptitude égale à la sienne, non seulement tous ses soldats, mais Napoléon lui-même seraient restés prisonniers dans la poursuite en deçà du Dniéper.

C'est Jomini qui l'a dit : « La campagne de 1812, si fatale à Napoléon, fut néanmoins un modèle à citer; le soin qu'il eut de laisser le prince de Schwarzenberg et Reynier sur le Bug, tandis que Macdonald, Oudinot et Wrede gardaient la Dwina, que Bellune venait couvrir Smolensk, et qu'Augereau venait le relever entre l'Oder et la Vistule, prouve qu'il n'avait négligé aucune des précautions humainement possibles, pour se baser convenablement; mais cela prouve aussi que les plus grandes entreprises périssent par la grandeur même des préparatifs que l'on fait pour en assurer la réussite. »

Les corps d'armée fixes, qui couvraient Varsovie, Wilna et Riga, en opposant aux Russes une forte barrière, maintenaient les communications avec les corps mobiles que Napoléon entraînait à sa suite[2]. Par Wilna, surtout, s'établissaient de proche en proche et sans solution dangereuse de continuité les relations entre la capitale de l'empire et la personne de l'empereur. C'est ainsi qu'on a pu dire que, de Smolensk et de Moscou[3], il gouvernait la France, recevant le travail des ministres et leur transmettant ses décisions.

Venons-en aux opérations. Le pénétrant auteur du *Précis de l'art*

1. *Précis de l'art de la guerre*, ch. III, article XXIX, p. 399.
2. C'est là sa constante préoccupation. *Correspondance*, 26 août 1812 : « Je vois avec plaisir le duc de Bellune arriver à Kowno; il sera là en mesure de se porter partout où il sera nécessaire pour maintenir ses communications avec moi, si elles venaient à être interrompues par la présence de quelque force que ce soit. » Il ajoutait même : « Il ne faudrait pas attendre mes ordres si les communications venaient à être interrompues. »
3. Varsovie est à 2093 kilomètres; Moscou, à 2945 kilomètres de Paris, par Wilna.

de la guerre constate qu'à cette heure c'est la situation de Napoléon qui est modifiée et que l'on doit incriminer, et non sa méthode même. Citons le passage entier :

« Mesurer d'un coup d'œil sûr les chances qu'offriraient les différentes zones d'un théâtre de guerre; diriger ses masses concentriquement sur celle de ces zones qui serait évidemment la plus avantageuse; ne rien négliger pour s'instruire de la position approximative des forces ennemies; puis fondre alors avec la rapidité de l'éclair soit sur le centre de cette armée si elle était divisée, soit vers celle de ses deux extrémités qui conduirait plus sûrement sur ses communications, la déborder, la couper, l'entamer, la poursuivre à outrance en lui imprimant des directions divergentes; enfin ne la quitter qu'après l'avoir anéantie ou dispersée : voilà ce que toutes les premières campagnes de Napoléon indiquent comme un des meilleurs systèmes, ou du moins comme les bases de celui qu'il préférait. *Appliquées plus tard aux immenses distances et aux contrées inhospitalières de la Russie, ces manœuvres n'eurent pas à la vérité le même succès qu'en Allemagne.* Toutefois on doit reconnaître que, si ce genre de guerre ne convient ni à toutes les capacités, *ni à toutes les contrées*, ni à toutes les circonstances, ses chances n'en sont pas moins les plus vastes, et qu'elles sont réellement fondées sur l'application des principes : *l'abus outré que Napoléon fit de ce système ne saurait détruire les avantages réels qu'on pourrait en attendre lorsqu'on saurait imposer une limite à ses succès, et mettre ses entreprises en harmonie avec l'état respectif des armées et des nations voisines.* »

Napoléon avait annoncé qu'il ne renouvellerait pas « la folie de Charles XII ». Il ajoutait : « La première campagne de Russie est finie. 1813 nous verra à Moscou, 1814 à Pétersbourg. La guerre de Russie est une guerre de trois ans. » Mais ce procédé, qui au fond, avait été celui de l'adversaire de Pierre le Grand, eût été contraire au tempérament de l'Empereur, tel qu'il se montre dans ses dernières campagnes; contraire encore davantage à la nécessité où il était de vaincre au plus vite.

D'ailleurs ce serait mal comprendre l'expédition de Russie que de croire qu'il ait de propos délibéré marché sur Moscou. *Il y a été entraîné*[1].

---

1. Littré, *loc. cit.*, a eu certainement tort, au point de vue militaire, de dire : « C'était une singulière hallucination que celle qui conduisit Napoléon à Moscou. »

Que voulait-il, en somme? Décrire un cercle suffisamment étroit autour des armées russes pour les contraindre à une action générale et *prompte*.

S'il n'y réussit pas, c'est que, Jomini nous l'a expliqué plus haut, il opérait sur une trop vaste étendue, et nous ajouterons : dans un pays trop peu connu de lui, et où *il ne pouvait guider sûrement ses lieutenants*.

Ceux-ci furent-ils inférieurs à ce qu'ils avaient été jusqu'alors? C'est probable. Mais il faut noter ceci : sauf Davout, les plus capables d'entre eux, les meilleurs calculateurs, avaient dû rester entre Varsovie et Riga. Avec Napoléon étaient les impétueux et les jeunes, assez mauvais topographes. L'histoire doit retenir ces paroles de l'empereur à son frère Jérôme, roi de Westphalie[1] :

« Je ne puis que vous témoigner mon mécontentement du peu de renseignements que je tire de vous. Je ne sais ni le nombre des divisions de Bagration, ni leur nom, ni l'endroit où il était. *Il est impossible de faire la guerre ainsi.* »

A Davout lui-même il mande :

« J'ai été mal satisfait de la manière dont marche votre corps. Aucune direction n'avait été donnée aux troupes pour passer le défilé, de manière que tous se trouvaient les uns sur les autres. Enfin, au lieu d'être à une lieue de l'avant-garde, vous étiez sur elle. Prenez des mesures pour remédier à un aussi mauvais ordre, qui peut compromettre toute l'armée[2]. »

Dans la retraite, toute une brigade, celle du général Partouneaux, se trompera de chemin et tombera aux mains de l'ennemi[3].

Comme moteur suprême de tant d'hommes, Napoléon éprouve donc des difficultés presque insurmontables.

Trois fois, à Wilna, à Witepsk, à Smolensk, par précipitation ou par lenteur, par défaut d'informations surtout, le cercle que décrivait Napoléon ne put se fermer : *il resta vicieux*, et l'ennemi échappa, entraînant à sa suite Napoléon.

Si on ajoute une première défaillance physique, qu'a notée le général de Ségur[4], et la crainte d'engager ses meilleures troupes à une si grande distance de sa ligne de communication, on aura

---

1. *Revue historique*, mai-juin 1887, p. 57, dans les *Lacunes de la Correspondance de Napoléon*, étude de M. le baron du Casse.
2. *Correspondance*, 2 septembre 1812.
3. *Correspondance*, 29 novembre 1812.
4. *Napoléon et la grande armée en 1812.*

signalé les principales fautes du grand chef, la plupart des autres devant être imputées aux généraux qui l'entouraient, capables d'achever, mais non de préparer la victoire.

Quand la retraite dut s'opérer dans les conditions désastreuses que l'on sait, après la perte de tous les chevaux, la situation fut telle que l'a décrite l'Empereur :

« Sans cavalerie, nous ne pouvions nous éclairer à un quart de lieue; cependant, sans artillerie, nous ne pouvions pas risquer une bataille et attendre de pied ferme; il fallait marcher pour ne pas être contraints à une bataille que le défaut de munitions nous empêchait de désirer; il fallait occuper un certain espace pour ne pas être tournés, et cela sans cavalerie qui éclairât et liât les colonnes[1]. »

La marche sur Wilna, après le passage de la Bérésina, n'a pas été présentée par Napoléon avec moins de relief :

« Le froid, les privations ont débandé cette armée. Nous serons sur Wilna : pourrons-nous y tenir? Oui, si l'on peut y tenir huit jours; mais si l'on est attaqué les huit premiers jours, il est douteux que nous puissions rester là. Des vivres, des vivres, des vivres! sans cela, il n'y a pas d'horreurs auxquelles cette masse indisciplinée ne se porte contre cette ville. Peut-être même cette armée ne pourra-t-elle se rallier que derrière le Niémen. Dans cet état de choses, il est possible que je croie ma présence nécessaire pour la France, pour l'empire, pour l'armée même[2]. »

Rien de plus lamentable. Il ne viendra pourtant à la pensée d'aucun topographe de comparer Napoléon après la Bérésina à Charles XII après Pultava.

Charles XII, systématiquement égaré dans l'immense Russie, dut se réfugier en Bessarabie, à une énorme distance de la Suède, dont il n'avait cessé de s'éloigner dans ses campagnes excentriques, tandis que Napoléon, dans sa désastreuse retraite, avait toujours tendu vers Varsovie et Wilna, c'est-à-dire vers la France. Si on lui avait, aux Tuileries, en décembre 1812, demandé le résultat de son expédition, il aurait pu répondre : « J'ai perdu mon armée, mais j'ai maintenu sans trêve ma ligne de communication : c'est pourquoi vous me revoyez à Paris. »

---

1. *Correspondance*, 3 décembre 1812, 20ᵉ bulletin de la grande armée.
2. *Correspondance*, 20 novembre 1812.

La campagne d'Allemagne, si admirée[1], donnera lieu à de plus graves critiques.

Napoléon n'avait pu, dans les premiers mois de 1813, réunir qu'une armée de conscrits pour remplacer la grande armée ensevelie dans les neiges de la Russie. Plus ou presque plus de cavalerie, sans laquelle les « communications » ne peuvent être assurées entre les différents corps d'une même armée.

Sous la menace de trois armées convergentes, mais encore peu consistantes et assez éloignées les unes des autres, l'Empereur vient s'établir à l'extrémité orientale de l'Allemagne. Son front d'opérations ne tarde pas à être « débordé sur la droite et même pris à revers par la position géographique des frontières de Bohême[2] ».

On connaît le système adopté : Napoléon au centre de l'échiquier; ses lieutenants aux extrémités du champ d'opérations. Voici le diagnostic tel que le définit l'Empereur lui-même :

« Dans ma disposition, tout plan où, de ma personne, je ne serais pas au centre, est inadmissible. Tout plan qui m'éloigne, établit une guerre réglée, où la supériorité des ennemis en cavalerie, en nombre et *même en généraux*, me conduirait à une perte totale[3]. »

Au premier abord Jomini semble approuver sans réserve cette formule. « Si la position centrale de Napoléon, entre Dresde et l'Oder lui devint funeste, il faut l'attribuer aux désastres de Culm, de la Katzbach et de Dennewitz, en un mot à des fautes d'exécution entièrement étrangères au fond du système[4]. » Mais il ne tarde pas à ajouter : « Si Napoléon, victorieux à Dresde, eût poursuivi l'armée des souverains en Bohême, loin d'essuyer le désastre de Culm, il se fût présenté menaçant devant Prague, et eût peut-être dissous la coalition. Il commit la faute de ne pas troubler sérieusement la retraite, et à cette faute on en ajouta une autre, non moins grave, celle d'engager des batailles décisives sur les points où il ne se trouvait pas en personne avec le gros de ses forces. »

Nous n'ignorons pas que Napoléon a écrit au prince de Wagram :

---

1. Elle a été néanmoins l'objet de sanglantes critiques de la part du général Rognat : *Considérations sur l'art de la guerre*, 1816.
2. Jomini, que nous citons encore ici, ajoute : « Quand Napoléon appliqua ce système (*les lignes centrales*) en Italie, en Pologne, en Prusse, en France, il n'était pas ainsi exposé aux coups d'une armée ennemie établie sur son flanc et sur ses derrières ; l'Autriche put le menacer de loin en 1807, mais elle était en état de paix avec lui et désarmée. »
3. *Correspondance*, Dresde, le 30 août 1813.
4. *Précis de l'art de la guerre*, t. II chap. III, art. 21.

« Mon intention n'est pas de pénétrer en Bohême ; cette opération n'est pas encore dans la ligne de ma position militaire[1]. »

Mais il nous semble avéré que Napoléon n'en avait décidé ainsi que parce qu'il s'était exagéré l'importance des montagnes qui limitent la Bohême au nord[2].

Il caractérisait ainsi le grand échec de Vandamme : « Le malheur arrivé au premier corps est un malheur auquel on ne pouvait s'attendre. Le général Vandamme n'a pas laissé une sentinelle sur les montagnes ni une réserve nulle part ; il s'était engouffré dans un fond, sans s'éclairer en aucune façon[3]. »

Napoléon — conséquence du plan adopté par lui — fut bientôt aux prises avec toutes les armées alliées, qui l'entouraient cette fois, comme il eût voulu lui-même entourer les armées russes à Smolensk. A quel prix, aux champs de Leipsick, il s'assura la route de France! Le fait seul d'avoir eu à livrer cette inégale et décisive *Bataille des nations* est la plus grande faute de toute la carrière militaire de Napoléon.

L'invasion fut la conséquence fatale de cette mémorable défaite.

La campagne de France est justement vantée sous plus d'un rapport. On s'étonne qu'avec des ressources si restreintes désormais, des soldats imberbes et presque sans armes, il ait pu résister deux mois. Il ne faudrait pas oublier pourtant qu'on était au cœur de l'hiver, que les ennemis combattaient sur notre sol, vraisemblablement aussi mal connu d'eux que la Russie de nous-mêmes, et qu'enfin le génie de Napoléon leur inspirait encore du respect et même quelque crainte.

Celui-ci, précisément pour leur imposer, suppléait à une faiblesse dont il avait conscience par des assertions toutes gratuites auxquelles ses merveilleux triomphes d'autrefois donnaient, malgré tout, du crédit... en France principalement. Ainsi, à son retour de Russie, il disait au Corps législatif :

« Les malheurs qu'a produits la rigueur des frimas ont fait ressortir la grandeur et la solidarité de cet empire, fondé sur les

---

1. *Correspondance*, 1er septembre 1813.
2. Voir page 7 de la présente étude, ligne 11 de la note 5 de la page précédente. C'était un préjugé géographique en honneur et qui n'a été déraciné que de nos jours. N. Buache (t. II, p. 206) écrivait dès 1772 : « La Bohême est entourée de toutes parts d'un cercle de hautes montagnes et passe pour une des parties les plus élevées de l'Europe. »
3. *Correspondance*, 1er septembre 1813.

efforts et l'amour de cinquante millions de citoyens, et sur les ressources territoriales des plus belles contrées du monde[1]. »

Après la bataille de Lützen, qu'il mettait audacieusement « au-dessus de celles d'Austerlitz, d'Iéna, de Friedland et de la Moscowa », pour enflammer le courage de ses jeunes soldats, il s'écriait :

« Dans la campagne passée, l'ennemi n'a trouvé de refuge contre nos armes qu'en suivant la méthode féroce des barbares ses ancêtres : des armées de Tartares ont incendié ses campagnes, ses villes, la sainte Moscou elle-même. Aujourd'hui, ils arrivaient dans nos contrées, précédés de tout ce que l'Allemagne, la France et l'Italie ont de mauvais sujets et de déserteurs, pour y prêcher la révolte, l'anarchie, la guerre civile, le meurtre; ils se sont faits les apôtres de tous les crimes. C'est un incendie moral qu'ils voulaient allumer entre le Vistule et le Rhin, pour, selon l'usage des gouvernements despotiques, mettre des déserts entre nous et eux. Les insensés! ils connaissaient peu l'attachement à leurs souverains, la sagesse, l'esprit d'ordre et le bon sens des Allemands. Ils connaissaient peu la puissance et la bravoure des Français. Dans une seule journée, vous avez déjoué tous ces complots parricides. Nous rejetterons ces Tartares dans leur affreux climat, qu'ils ne doivent pas franchir. Qu'ils restent dans leurs déserts glacés, séjour d'esclavage, de barbarie et de corruption, où l'homme est ravalé à l'égal de la brute! Vous avez bien mérité de l'Europe civilisée. Soldats, l'Italie, la France, l'Allemagne vous rendent des actions de grâce[2]. »

Et encore :

« L'Europe serait enfin tranquille si les souverains et les ministres qui dirigent leurs cabinets pouvaient avoir été présents sur le champ de bataille. Ils renonceraient à l'espérance de faire rétrograder l'étoile de la France; ils verraient que les conseillers qui veulent démembrer l'empire français et humilier l'empereur préparent la perte de leurs souverains[3]. »

Dans quelle mesure cette rhétorique, où entrait, nous en convenons, beaucoup de psychologie, contribue-t-elle à la prolongation de la lutte? On peut seulement le conjecturer. Mais, après

1. *Correspondance*, 14 février 1813.
2. *Correspondance*, 3 mai 1813.
3. *Correspondance*, 2 mai 1813.

Leipsick et avant Brienne, Napoléon lui-même confessait que « les alliés ne croyaient plus à l'existence de nos armées. » Aussi écrivait-t-il à Joseph, son lieutenant général : « Il est convenable que les journaux montrent Paris dans l'intention de se défendre [1] et beaucoup de troupes comme y arrivant de tous les côtés. »

Ces patriotiques mensonges, et plus encore quelques beaux succès de Napoléon, lui rendirent un véritable prestige : « Ils croyaient naguère que je n'avais que des recrues; ils disent aujourd'hui que j'ai réuni tous mes vétérans et que je ne leur oppose que des armées d'élite, que l'armée française est meilleure que jamais. Voilà ce que c'est que la terreur. Il est nécessaire que les journaux de Paris soient dans le sens de leurs craintes. Les journaux ne sont pas l'histoire, pas plus que les bulletins ne sont l'histoire. On doit toujours faire croire à l'ennemi qu'on a des forces immenses [2]. »

La France ressemblait à un navire qui ferait eau de toutes parts. Le capitaine croyait pouvoir conjurer le naufrage en niant le péril.

Cependant il restait fidèle à son système d'offensive [3] que son dénuement extrême rendait plus dangereux que jamais. Cela le portait trop loin de Paris qu'il eût fallu préserver. Et voilà comment, après de merveilleuses combinaisons qui nous rappellent celles d'Italie [4], les armées ennemies, appréciant mieux la situation, s'enhardirent tout à coup et se ruèrent en masse sur Paris.

Pour la première fois peut-être, le diagnostic topographique de Napoléon était complètement en défaut.

Nous extrayons de la *Correspondance* les divers projets, très beaux en eux-mêmes, mais désormais sans objet, auxquels se livrait en ce moment là même Napoléon.

Le 17 mars 1814, il voyait trois partis à prendre [5] :

« 1° Le premier est d'aller à Arcis-sur-Aube, treize lieues; on y serait demain 18.

---

1. *Correspondance*, 31 janvier 1814. « Mais nous n'avons pas d'armes », lui répétait sans cesse le roi Joseph.
2. *Correspondance*, 24 février 1814.
3. Littré, dans son opuscule sur le *Génie militaire de Bonaparte* insiste sur ce fait que « toutes les opérations de sa carrière furent des offensives ».
4. La campagne de France (1814) est comme une autre campagne d'Italie (1796), mais beaucoup moins méthodique, et où il était laissé beaucoup plus au hasard ou à peu près. Nous le montrerons plus loin.
5. Reims, 17 mars 1814. Note dictée au colonel baron Atthalin, sous-directeur du cabinet topographique de l'empereur.

» On peut passer le 19 l'Aube, et être dans la nuit du 19 au 20 sur Méry ou Troyes.

» Il est probable que l'ennemi saura après-demain que je couche demain à Fère-Champenoise[1], et dès ce moment la diversion est faite. La diversion serait donc faite dans la journée du 19.

» Le prince de la Moskowa sera à Arcis-sur-Aube en même temps que moi. Nous passons l'Aube, et le 20 nous sommes à Troyes. J'ai un équipage de ponts et j'en jette où je veux.

» Je crois le quartier-général à Troyes.

» Ce projet est le plus hardi; les résultats en sont incalculables.

» 2° Se rendre à Sézanne[2] et de Sézanne à Provins. D'abord ce sont les plus mauvais chemins. Il y a d'ici à Sézanne neuf lieues, de Sézanne à Provins neuf lieues; total dix-huit lieues. La cavalerie pourrait être demain 18 à Sézanne, s'il n'y a point de cavalerie ennemie. Elle serait obligée d'attendre l'artillerie. Le 19, le prince de la Moskowa ne pourrait y être, et serait obligé de venir passer ici.

» De Sézanne à Meaux par Coulommiers et la Ferté-Gaucher, quinze lieues. Une fois à Sézanne, on pourrait aller à Meaux. On y serait en deux jours de bonne route. Il y aurait donc d'ici à Meaux par Sézanne vingt-quatre lieues.

» On serait maître aussi d'y aller d'ici, en passant par Fère-Champenoise, sept lieues; de Fère-Champenoise à Sézanne, quatre lieues; de Sézanne à Meaux, quinze lieues. Il y aurait d'ici à Meaux, en passant par Fère-Champenoise, vingt-sept lieues au lieu de vingt-quatre, c'est à dire trois lieues de plus.

» 3° Enfin le troisième projet serait d'aller droit sur Meaux par le grand chemin. Il y a d'ici à Meaux, vingt et une lieues. On y serait le 20 de bonne heure. On pourrait même joindre l'armée le 20 et attaquer l'ennemi le 21.

» Ces trois projets ont tous les trois leur caractère :

» Le premier est le plus hardi, donne une grande épouvante à l'ennemi et donne des résultats inattendus;

» Le deuxième a l'inconvénient d'être toujours dans les traverses, mais enfin il coupe l'ennemi sur la rive droite de la Seine;

» *Le troisième est le plus sûr, parce qu'il mène à tire d'aile sur*

---

1. Fère-Champenoise, chef-lieu de canton (Marne), arrondissement et à 35 kilomètres sud d'Épernay.
2. Sézanne, chef-lieu de canton (Marne), arrondissement et à 43 kilomètres sud-ouest d'Épernay.

Paris; mais c'est aussi celui qui, n'étant d'aucun effet moral, laisse toute entière la chance d'une grande bataille. Or, si l'ennemi a 70 à 80 000 hommes, cette bataille sera une furieuse chance, au lieu que marchant sur Troyes et venant sur les derrières, pendant que le duc de Tarente marche en retraite et lui dispute toutes les positions, il peut y avoir de plus grandes chances[1]. »

Le 23 mars, quatre partis s'offraient à lui; il s'attardait alors à Saint-Dizier[2].

« 1° Partir d'ici à deux heures du matin, être à Vitry à huit heures et attaquer l'ennemi.

» 2° Partir demain de bonne heure et se porter par Bar-sur-Ornain sur Saint-Mihiel, de manière à avoir demain le pont de Saint-Mihiel : dès ce moment j'ai ma communication assurée sur Verdun, et j'ai passé la Meuse; j'irais de là à Pont-à-Mousson, ce qui me donnerait ma communication avec Metz; je serais renforcé de 12 000 hommes que je puis tirer des places; j'aurais chassé au delà des Vosges le corps qui est à Nancy, et je donnerais une bataille ayant pour ligne d'opération Metz.

» 3° Se porter demain sur Joinville et Chaumont, d'où je prendrais ma ligne sur Bar-sur-Aube et Troyes.

» 4° Aller sur Brienne ou Bar-sur-Aube; on passerait par Vassy et l'on serait demain très près de Bar-sur-Aube.

» *Le plus raisonnable de ces projets paraît être celui qui s'appuie à Metz et à mes places fortes, et qui approche la guerre des frontières.* En effet, de Saint-Dizier à Metz, par Bar-sur-Ornain et Pont-à-Mousson, il y a vingt-neuf lieues de poste; à Nancy, par la même route, il y a trente lieues; par la route directe de Saint-Dizier à Nancy, par Toul et Void, il n'y a que vingt-deux lieues. »

En prolongeant son séjour à Saint-Dizier et en hésitant de trop longues heures entre la direction de Metz et celle de Paris (ce qui prouve bien qu'il n'était guère mieux renseigné sur l'ennemi dans les derniers jours de la campagne de France[3], qu'il ne l'avait été

---

1. Le même jour il mandait au roi Joseph : « Je m'attends à de grands résultats de mon mouvement, qui va jeter un grand désordre et une grande confusion sur les divisions de l'ennemi et sur son quartier général, *s'il est encore à Troyes.* »
2. *Correspondance.* Saint-Dizier, 23 mars 1814. Note dictée au duc de Bassano. Le même jour, il mandait au maréchal Ney : « Ayant reçu avis que l'empereur Alexandre a couché à Montierender, je me rends à Saint-Dizier, parce que je suppose que c'est sur ce point qu'il veut nous attaquer et nous couper le chemin, d'autant plus que les pertes considérables qu'il a faites avant-hier et les coureurs que nous avons déjà à Joinville l'attireront probablement sur ce point. »
3. Durant toute la campagne de France, il vécut au jour le jour comme informations

durant toute la campagne de Russie), il permit aux alliés de lui « dérober trois marches¹ ». Paris était bien perdu pour lui.

Mais il ne faiblissait pas.

Le 31 mars, jour de l'entrée des souverains à Paris, s'adressant une dernière fois au prince de Wagram, il disait :

« Écrivez au préfet d'Orléans pour lui annoncer la malheureuse nouvelle de l'occupation de Paris par l'ennemi, que mon arrivée aurait empêchée si on avait retardé trois heures. Prévenez-le de la réunion qui va avoir lieu à Orléans et recommandez lui de rassembler et de préparer des vivres pour les troupes. Le point de pivot sera Orléans. Le ministère et le gouvernement se réuniront à Orléans. »

La question de l'évacuation de Paris avait été l'objet, entre l'empereur et le roi Joseph, d'une importante correspondance. Fait à noter : c'est le roi Joseph qui, dans cette circonstance, voyait topographiquement le plus juste :

« Les hommes attachés au gouvernement de Votre Majesté, lui mandait-il, craignent que le départ de l'impératrice ne livre le peuple de la capitale au désespoir et *ne donne une capitale et un empire aux Bourbons²*. »

Après avoir, au mois de février, affirmé que Paris ne serait jamais occupé de son vivant, il ordonnait, au mois de mars, à son frère de l'évacuer dès qu'il serait sérieusement menacé ³.

« Depuis que le monde est monde, je n'ai jamais vu qu'un souverain se laissât prendre dans des villes ouvertes. Ce malheureux roi de Saxe eut le tort de se laisser prendre dans Leipzig : il perdit ses États et fut prisonnier ⁴. »

---

topographiques, ainsi que le prouve ce billet au maréchal Victor (*Correspondance*, 26 janvier 1814) : « Faites faire un petit croquis de Saint-Dizier selon que vous l'avez reconnu, afin qu'à mon arrivée je puisse voir comment l'attaquer. »

1. *Correspondance*, 3 avril 1814 : « L'ennemi nous a dérobé trois marches; il est entré dans Paris. Le 17 février 1814, il écrivait à Caulaincourt, son ministre des affaires étrangères : « Je vous ai donné carte blanche pour sauver Paris et éviter une bataille qui était la dernière espérance de la nation. La bataille a eu lieu : la Providence a béni nos armes. J'ai fait 30 à 40 000 prisonniers; j'ai pris deux cents pièces de canon, un grand nombre de généraux et détruit plusieurs grandes armées presque sans coup férir. J'ai entamé Mor Schwarzenberg, que j'espère détruire avant qu'il ait repassé nos frontières. » En fait, il avait donné à Paris quarante jours de répit. *Un répit de quarante a cinquante jours pour Paris* : nous définirions ainsi volontiers la campagne de France.

2. *Mémoires et correspondance politique et militaire du roi Joseph*, publiés, annotés et mis en ordre par M. A. du Casse, t. X, p. 30.

3. *Correspondance*, 16 mars 1814. « Si l'ennemi avançait avec des forces telles que toute résistance fût impossible… »

4. *Id.*, 8 février 1814.

Que Paris n'eût pas été fortifié de manière à pouvoir résister quelques semaines au moins : voilà le grave tort de Napoléon, de Joseph et de Clarke. M. Thiers a fort bien dit, dans son *Histoire du Consulat et de l'Empire*, tome XVII, page 589[1] :

« Les hauteurs de l'Étoile, de Montmartre, de Saint-Chaumont, de Romainville, étant couvertes de fortes redoutes et d'artillerie, la ville étant barricadée et défendue par la population, l'armée étant distribuée entre les barrières les plus menacées, *mais réservée surtout pour occuper le plateau de Romainville*, une résistance non pas invincible assurément, mais prolongée quelques jours au moins, pouvait être opposée à la coalition, et donner à Napoléon le temps sur lequel il avait compté, n'imaginant pas que la défense de Paris se réduisît à une journée[2], c'est-à-dire au nombre d'heures que 25 000 hommes mettraient à se battre en rase campagne contre 200 000 hommes. *Mais on n'avait pas songé à faire ces études de terrain.* »

Paris et Napoléon lui-même, devenus victimes de la topographie, aussi négligée sur ce point en 1814 qu'elle devait l'être en 1870 dans l'ensemble des premières opérations, voilà ce que nous montre la terminaison fatale de la campagne de France[3]. Bien grave enseignement !

Par un singulier revirement de fortune, Napoléon entre sans coup férir, l'année suivante, dans ce Paris, où il ne lui avait pas été donné de revoir sa femme et son fils.

La coalition demeure fermement unie et on peut prévoir que ses armées, dans un laps de temps assez court, enserreront nos frontières, Paris et l'empereur lui-même.

L'empereur attendra-t-il leur arrivée ?

Ce serait contraire à son tempérament et à son génie. Mais on ne saurait lui reprocher d'avoir couru avec décision à l'une des armées de la coalition, car en la détruisant, il aurait précisément tenu en échec cette concentration funeste.

---

1. Nous renvoyons aussi à *M. Thiers historien, géographe et homme d'État*, par L. Drapeyron.
2. Le 7 février 1814, il écrivait à Clarke : « Tenez ferme aux barrières de Paris ; faites placer deux pièces de canon aux différentes barrières. Que la garde nationale, qui a des fusils de chasse, y ait des postes. »
3. Charras dira fort bien : « Dans cette campagne de France où l'empereur avait retrouvé souvent les merveilleux élans, la prodigieuse activité, le génie militaire du général de la République, la coalition n'avait dû la victoire décisive qu'à l'incroyable incurie qui avait laissé Paris sans fortifications, sans défense préparée, hors d'état de tenir deux jours. »

Ce n'est pas la campagne de Belgique qui a été incriminée, mais bien la manière dont elle a été conduite, tant par l'empereur que par ses lieutenants. C'est principalement sur la bataille de Waterloo que le débat a porté.

Avec le colonel Charras, dont le critérium topographique nous semble excellent[1], il est bon de constater que, le 18 juin 1815, *Napoléon était malade.* « Souffrant de deux affections, d'une surtout qui lui rendait très pénible les mouvements du cheval, il resta pied à terre presque toute la journée[2], voyant peu par lui-même ou voyant mal, et obligé surtout de juger de l'état successif des choses sur des rapports qui purent l'induire en erreur plus d'une fois[3]. »

C'est au même auteur que nous emprunterons encore un résumé substantiel, qui n'a peut être qu'un tort, celui d'affecter la forme d'un acte d'accusation.

« Dans cette lamentable journée de Waterloo, les fautes furent assez nombreuses, assez graves pour expliquer la catastrophe, sans qu'il soit nécessaire de faire intervenir la puissance mystérieuse de la fatalité.

» Ces fautes se résument en quelques mots[4] :

» La bataille commença quatre heures plus tard qu'elle n'aurait dû commencer[5];

» L'attaque de Goumont, qui ne devait être qu'une diversion, fut conduite comme une attaque principale et absorba, sans compensation suffisante, une masse d'infanterie qui manqua bientôt pour soutenir la cavalerie de réserve;

---

1. Charras : *Histoire de la campagne de 1815, Waterloo*, 2 vol. 6ᵉ édition, la première publiée en France, avec atlas, 1869, Armand Le Chevalier, éditeur.
2. Dans sa pénible situation il cherche du moins à être le plus « présent » possible, quoique trop éloigné des combattants. Charras lui-même écrit : « Après avoir parcouru les lignes de l'armée, Napoléon vint se placer au point le plus élevé des hauteurs de Rossomme, un peu à droite de la ferme de ce nom et de la chaussée de Bruxelles, sur le bord d'un chemin qui conduit au village de Plancenoit. De là il découvrait tout le terrain, jusqu'au joint de l'armée anglo-hollandaise. On lui apporta, de la ferme voisine, une table, une chaise grossière, qui furent placées sur un lit de paille; il descendit de cheval et s'assit, la carte du pays déployée devant lui. »
3. Où le colonel Charras nous semble exagérer, c'est lorsqu'il nous représente Napoléon en pleine décadence physique et intellectuelle. Sa décadence physique s'annonçait, il est vrai, par quelques défaillances que nous avons notées, mais elle ne s'accusa d'une façon continue qu'à Sainte-Hélène, à partir de l'année 1817. Quant à sa décadence intellectuelle, nous n'y croyons pas, et ses défaites elles-mêmes, nous l'avons vu, ne suffisent pas à l'établir.
4. Nous renvoyons à la carte du champ de bataille de Waterloo, dans l'atlas qui accompagne l'ouvrage du colonel Charras.
5. *Mémorial*, t. 1ᵉʳ, p. 293 : « Le succès à la guerre tient tellement au coup d'œil et au moment, que la bataille d'Austerlitz, gagnée si complètement, eût été perdue si j'eusse attaqué six heures plus tôt »

» Les dispositions pour cette attaque furent prises sans la moindre prévoyance ; et il en fut de même contre la Haie-Sainte, Papelotte et la Haie ;

» L'attaque de l'aile gauche de Wellington s'opéra dans un ordre défectueux et sans soutien assez proche de cavalerie ; on y renonça, au lieu de la renouveler en y employant les réserves ;

» Au lieu d'occuper les défilés de Lasne, on attendit Bulow en deçà du bois de Paris ;

» L'attaque centrale se fit avant d'avoir été assez préparée par l'artillerie, et la cavalerie qui en fut chargée ne fut pas appuyée par de l'infanterie ;

» Cette même attaque fut reprise avec de l'infanterie seulement, la cavalerie qui aurait dû y coopérer se trouvant épuisée par une lutte de près de trois heures ;

» Enfin, on s'exposa à un désastre, on le subit, pour s'être acharné après le succès quand, malgré la bravoure de ses troupes, le succès n'était plus possible, quand il aurait fallu se hâter de battre en retraite. »

Ce qui est certain, c'est que Napoléon a cru trop facilement qu'il avait, l'avant-veille, à Ligny, battu d'une façon complète et inutilisé, pour quelques jours au moins, le feld-maréchal prussien Blücher. Or, dit très bien le colonel Charras : « Si on le considère seulement du point de vue où Napoléon le conçut, c'est-à-dire sans tenir compte de la probabilité de l'intervention prussienne, le plan de bataille est très beau, très solide ; il révèle le chef habitué à combiner les plus grandes actions de guerre ; il défie le critique. Mais, cette intervention se produisant, il est immédiatement ruiné par la base ; il n'est plus exécutable. »

Comme l'a montré le même écrivain, si Napoléon avait eu la crainte, salutaire en ce jour, du général Blücher, il aurait dirigé son attaque principale contre les Anglais sur un autre point[1].

A Waterloo, en définitive, qu'est-ce qui l'emporte ? La connais-

---

[1]. « A Waterloo, le centre étant la partie la plus forte de la ligne anglo-hollandaise, le but à atteindre était de s'emparer de la route de Bruxelles, de *rejeter Wellington sur Braine-l'Alleud et de l'éloigner de Blücher* » (Charras). De son côté Jomini (*Précis de l'art de la guerre*, livre I, chap. III, art. 22, p. 297), dit : « Battu à Ligny et réfugié à Gembloux, puis à Wavre, Blücher n'avait que trois lignes stratégiques à choisir, celle qui menait droit à Maëstricht, celle qui allait plus au nord sur Venloo, ou bien celle qui menait à l'armée anglaise vers Mont-Saint-Jean. Il prit audacieusement la dernière et *triompha par l'application des lignes stratégiques intérieures que Napoléon avait négligées pour la première fois peut-être de sa vie.* »

sance topographique du champ de bataille[1], et c'est la réflexion que nous faisions nous-même lors de notre visite (1879)[2]. Wellington avait choisi et reconnu son terrain depuis quelques jours[3]. Contrarié par la pluie battante et surtout par une indisposition momentanée, Napoléon n'avait pu, cette fois, bénéficier de ce regard si pénétrant et si sûr qui lui avait maintes fois donné la victoire.

Grâce à son incomparable organe visuel, à son coup d'œil transcendant, il était devenu le premier général des temps modernes; mais il suffit de circonstances vulgaires qui en paralysèrent l'action, dans un moment décisif, pour le condamner au plus lamentable échec et au plus dommageable pour la France. Et c'est dans la nuit que Napoléon, devenu invisible et impuissant, s'effondra inopinément. Lui-même l'a constaté dans un document célèbre[4].

« Une terreur panique se répandit tout à la fois sur tout le champ de bataille; on se précipita dans le plus grand désordre sur la ligne de communication; les soldats, les canonniers, les caissons se pressaient pour y arriver; la vieille garde qui était en réserve en fut assaillie et fut elle-même entraînée. Dans un instant, l'armée ne fut plus qu'une masse confuse, toutes les armes étant mêlées, et il était impossible de reformer un corps. L'ennemi, qui s'aperçut de cette étonnante confusion, fit déboucher des colonnes de cavalerie; le désordre augmenta; *la confusion de la nuit empêcha de rallier les troupes et de leur montrer leur erreur*. Les escadrons de service même, rangés à côté de l'Empereur, furent culbutés et désorganisés par ces flots tumultueux, et il n'y eut plus d'autre chose à faire que de suivre le torrent[5]. »

Waterloo nous apparaît comme un Marengo et comme un Wagram retournés. On saisira bien vite en quoi, au fond, diffèrent ces journées fameuses. Certes, à Marengo, Bonaparte aurait pu éprouver un échec, sans l'arrivée de Desaix, qui lui procura un éclatant

---

1. Jomini. (*Précis de l'art de la guerre*, t. Ier, chap. III, art. 20, p. 221). « Une armée ne saurait occuper sûrement une position stratégique, sans prendre la précaution d'avoir une ou deux positions tactiques connues d'avance, à l'effet d'y réunir l'armée, de recevoir l'ennemi et de le combattre avec toutes les forces dispensables, lorsque ses projets seront bien démasqués. C'est ainsi que Napoléon avait préparé ses champs de bataille de Rivoli et d'Austerlitz, Wellington celui de Waterloo, et l'archiduc Charles celui de Wagram. »
2. Voir notre *Excursion en Belgique* (novembre 1879).
3. Le général Rognat (*Considérations sur l'art de la guerre*), p. 315, exagère sans doute, quand il écrit : « Le général anglais, sur ce champ de bataille étudié d'avance, avait profité de *toutes* les hauteurs pour y placer avantageusement son artillerie, et de *tous* les mouvements de terrain pour dérober son infanterie à ses coups. »
4. *Correspondance*, Bulletin de l'armée, Laon, 20 juin 1815.
5. *Correspondance*, 20 juin 1815.

triomphe; mais il n'avait pas à craindre de voir fondre sur lui, comme à Waterloo, un Blücher précédé d'un Bulow[1]. A Wagram, suffisamment averti par l'échec d'Essling, il n'engagea d'action générale qu'après sa jonction avec le prince Eugène et avec Marmont et une reconnaissance topographique prolongée des positions ennemies, qui fera l'admiration des âges; tandis qu'à Waterloo, il ne s'était même pas assuré que Grouchy pourrait lui tendre la main, et la topographie du champ de bataille était restée pour lui presque lettre close[2].

Non seulement Napoléon avait le génie de la guerre, mais il en eut, surtout depuis son avènement à l'empire, la passion. C'est cette passion qui, avivée par la défaite même, devait le perdre. Depuis la destruction de la grande armée, il nous apparaît comme un joueur obstiné et effréné, qui, dans l'espèce, n'avait plus d'atouts en main, et qui, comme tous les joueurs, se fiait au hasard[3]. Suivant le mot de Jomini, la guerre était devenue pour lui « un drame passionné[4]. »

Le passage qui suit du *Mémorial* nous aidera à le mieux comprendre[5] :

« Le soir nous jouions constamment au vingt et un; l'amiral et quelques Anglais étaient parfois de la partie. L'empereur se retirait après avoir perdu d'habitude ses dix ou douze napoléons; cela lui était arrivé tous les jours, parce qu'il s'obstinait à laisser son napoléon jusqu'à ce qu'il en eût produit un grand nombre. Aujourd'hui (15 août 1815), il en avait produit jusqu'à quatre-vingts ou cent; l'amiral tenait la main; l'empereur voulait laisser encore

---

1. Il laissait Mélas courir cette mauvaise chance à Marengo; à Waterloo, il la courut lui-même.
2. Le colonel Charras définit ainsi topographiquement ce champ de bataille : « Il se présente comme une vaste croupe soutenue au sud par une pente d'inclinaison généralement douce et facile à battre de feux plongeants. Goumont, la Haie Sainte, Papelotte, la Haie, Smohain, Frichemont, paraissent comme autant d'avant-postes qui en défendent l'accès. »
3. Sainte-Beuve, dans son *Étude sur le général Jomini* (1860, p. 213), s'exprime ainsi : « Un trait fort juste de Jomini sur Napoléon et qu'ont trop oublié ses détracteurs aussi bien que ses panégyristes, c'est que cette volonté de fer était souvent bien mobile, comme celle de tous les joueurs passionnés, et qu'elle remettait souvent ses résolutions ultérieures les plus graves, aux chances les plus fortuites. Ses idées devaient se développer selon la tournure des événements : c'était à la fois l'homme le plus décidé et le plus indécis. » Mais ceci ne nous semble exact qu'à partir de 1813.
4. *Correspondance*, 2 mai 1813. « Sa Majesté (Napoléon) jugea que *le moment de crise qui décide du gain ou de la perte des batailles* était arrivé; il n'y avait plus un moment à perdre. »
5. Tome 1er, page 19. Ceci se passait dans le voyage de Sainte-Hélène.

pour connaître jusqu'à quel point il pourrait atteindre; mais il crut voir qu'il serait tout aussi agréable à l'amiral Cockburn qu'il n'en fît rien : il eût gagné seize fois, et eût pu atteindre au delà de soixante mille napoléons. Comme on s'extasiait sur cette faveur singulière de la fortune en faveur de l'empereur, un des Anglais fit la remarque qu'aujourd'hui était le jour de sa naissance et de sa fête. »

C'est bien en doublant sans cesse l'enjeu de ses campagnes et de ses batailles que Napoléon a trouvé sa perte[1].

Mais revenant à la topographie, dont en ces dernières lignes nous nous sommes écarté à la suite de l'empereur, et nous reportant à ses plus belles journées, nous conclurons avec Jomini[2]: « C'est dans le bon choix des points objectifs de manœuvres que consiste le talent le plus précieux pour un général et le gage le plus sûr de grands succès. *Du moins est-il certain que ce fut le mérite le plus incontestable de Napoléon.* » Mérite, on le voit, essentiellement topographique. Tel était son diagnostic[3].

Il est heureux qu'un génie topographique aussi spontané ait fait son apparition avant que nos cartes d'état-major, nos chemins de fer et nos télégraphes eussent assuré le succès au capitaine, qui, grâce à son labeur acharné et à celui de son état-major, a su le mieux, durant des années, le solliciter en silence et en cachette. C'est M. le maréchal de Moltke, qui, dans la seconde moitié de notre siècle, a été à nos dépens le premier « mécanicien de la victoire ». Au début de ce même siècle et dans notre camp, Napoléon, tout primesautier, je ne dirai pas moins laborieux, mais plus pressé et plus pressant, nous a fait admirer cette puissance d'invention dans le cabinet, ce coup d'œil sur le champ de bataille, qui, les conditions mêmes de la guerre étant changées, ne se reverront plus.

D'autre part il faut tenir compte de ce fait que, moins favorisés que Napoléon, ses glorieux prédécesseurs Alexandre, Annibal et César n'avaient pas de cartes, quelque imparfaites qu'on les imagine,

---

[1]. *Précis de l'art de la guerre*, t. Ier, ch. III, art. 10.

[2]. Jomini, dès 1816, dans son *histoire critique et militaire des campagnes de la Révolution*, faisant suite au *Traité des grandes opérations militaires*, donnait la vraie formule de la chute de Napoléon : « Il est tombé du faîte des grandeurs pour avoir oublié que la force et l'esprit humain ont leurs bornes et que *plus les masses mises en mouvement sont grandes, moins le génie a part aux événements.* »

[3]. On ne saurait trop insister sur la spontanéité de ce diagnostic chez Napoléon. A propos du *Traité des grandes opérations militaires*, que lui avait présenté Jomini, il s'écriait (voir Sainte-Beuve, p. 50) : « Je suis charmé que le premier ouvrage qui démontre les vrais principes de guerre appartienne à mon règne. *On ne nous apprenait rien de semblable dans nos écoles militaires.* »

des pays où ils guerroyaient. Pour eux, le travail du cabinet aurait manqué d'aliment. Ils devinaient, ils ne prévoyaient guère. C'est Frédéric le Grand qui, ayant des cartes à sa disposition, peut être qualifié d'ancêtre militaire de Napoléon, et celui-ci semble l'avoir compris[1]. Mais le champ où se mouvait forcément le fondateur de la puissance prussienne est trop strictement limité pour qu'on lui reconnaisse, dans une sphère toute militaire, cette supériorité qui ne lui sera certes pas déniée dans le domaine politique : Avoir su se borner.

Comme nous l'avons déjà remarqué, toutes ses campagnes postérieures à celle d'Italie ont un objectif politique, qui, en élargissant singulièrement leur horizon, en rend le succès problématique[2]. C'est la série de ces combinaisons, au double caractère politique et militaire, que nous indiquerons et critiquerons ultérieurement.

L'Expédition d'Égypte, le Projet de descente en Angleterre, le Blocus continental, l'Empire français : voilà les « grands desseins » de Napoléon qui vont être successivement examinés. Comment ont-ils été conçus, élaborés, exécutés et finalement abandonnés par leur auteur ou réduits à néant par ses adversaires ? C'est ce que nous allons dire. L'on se convaincra sans peine que la topographie a présidé également à leur naissance et à leur destruction.

Tout d'abord on est surpris de voir la pensée ardente et l'activité effrénée du premier des chefs de nos armées continentales adopter pour objectif principal, sinon unique, la mer. Mais c'est précisément un des traits caractéristiques de ce génie, de s'étendre aux lointaines contrées, par delà la Méditerranée, par delà l'Océan, qui se trouveront ainsi englobés dans ses combinaisons. L'ennemi qu'il s'agit d'amener à composition est d'ailleurs essentiellement maritime. Enfin n'oublions pas que Bonaparte est Corse, et par consé-

---

1. L'empereur s'est saisi de ces trophées — l'épée du grand Frédéric, la ceinture de général qu'il portait à la guerre de Sept ans et son cordon de l'Aigle noir — qu'on a trouvés à Postdam... L'empereur s'est saisi de ces trophées avec empressement et a dit : « J'aime autant cela que vingt millions. » Puis pensant un moment à qui il confierait ce précieux dépôt : « Je les enverrai, dit-il, à mes vieux soldats de la guerre de Hanovre, j'en ferai présent au gouverneur des Invalides; cela restera à l'Hôtel. » (*Correspondance*, 19º Bulletin de la Grande-Armée, 27 octobre 1806).
2. Le Brandebourg, la Silésie, la Saxe, la Bohême, voilà tout le champ d'opération de Frédéric, tandis que celui de Napoléon, de proche en proche, finit par s'étendre à l'Europe entière.

quent marin[1], bien qu'il n'ait combattu en personne que sur terre. La mer exerce sur lui une sorte de fascination. Dans son *Supplément à la Correspondance de Napoléon I*ᵉʳ, M. le baron A. du Casse insère une lettre du Premier Consul à son jeune frère Jérôme, où on lit : « Ce n'est que sur mer qu'il y a une grande gloire à acquérir. »

L'expédition d'Égypte, qui, suivant la date où on la considère, semble une entreprise plus ou moins restreinte dans le temps et dans l'espace, nous apparaît surtout comme un grand dessein « méditerranéen », comme une réminiscence, au profit de la France, de la domination romaine. Mais ce n'est pas d'emblée qu'il s'écriera : « La Méditerranée doit être un lac français ». Sans cesse en contact avec cette mer, son horizon s'étend beaucoup lorsque du versant tyrrhénien il passe au versant adriatique. Qu'on en juge.

Avant la bataille de Rivoli (1796). Par suite des victoires remportées par les Français dans la première phase de la campagne d'Italie, le roi de Sardaigne (traité de Paris, 15 mai) nous abandonne, outre la Savoie, les comtés de Nice, de Tende et de Beuil, « les îles de Saint-Pierre et d'Antiochi et îlots en dépendant[2], la baie qu'elles forment, ainsi que le fort qui existe sur l'île Saint-Pierre », sorte de vigie d'où nous pourrons surveiller les mouvements des Anglais, maîtres de Minorque. Ultérieurement (octobre), la république de Gênes et le roi des deux Siciles s'engagent à fermer à ces mêmes Anglais leurs rades et leurs ports. Nos rivaux commencent à être *débordés* dans la mer Tyrrhénienne. Bonaparte ne contient point sa joie :

« Je reçois à l'instant la nouvelle que les Anglais évacuent la Méditerranée (*la mer Tyrrhénienne*). Ils ont déjà évacué la Corse, qui a arboré l'étendard tricolore et m'a envoyé des députés pour prêter serment d'obéissance. Un courrier arrivé de Toulon m'apporte la nouvelle que notre escadre, composée de dix-huit vaisseaux de guerre et de dix frégates, est sur le point de mettre à la voile; qu'elle est déjà dans la grande rade, et qu'elle a à sa suite un convoi de soixante voiles, chargées de troupes de débarquement. Le délire étrange du pays où vous êtes ne sera pas long; il y sera bientôt porté un prompt remède. Cette folie passera comme un rêve[3]. »

1. Th. Jung, *Bonaparte et son temps*, t. III, p. 382 : « Bonaparte est Corso, il est montagnard, il est marin. » Voir p. 3, note 1.
2. A l'extrémité au sud-ouest de la Sardaigne.
3. *Correspondance*, 17 octobre 1796, de Modène, à M. de Cacault, à Rome.

Mais il faudrait occuper promptement l'île d'Elbe.

« Il est bien malheureux que, dans notre traité avec Naples, on ne nous ait pas cédé l'île d'Elbe. J'ai ordonné à Livourne qu'on mette garnison dans l'île d'Elbe, dès l'instant que les Anglais l'auront évacuée. Si le Directoire l'approuve, dans les articles secrets qu'il m'a chargé de conclure avec le grand-duc de Toscane, ayant pour but de lui restituer Livourne, j'obtiendrai l'île d'Elbe, moyennant une indemnité équivalente sur le territoire du pape. Porto-Ferrajo nous est nécessaire sous tous les points de vue[1]. »

Il écrit au général corse chargé de servir sa politique « méditerranéenne » nouvellement éclose : « J'ai vu avec plaisir que vous ne perdez pas de vue l'occasion de vous emparer de l'île d'Elbe. Je n'ai pas encore sur la Corse des nouvelles assez précises, mais du moment que nous serons maîtres de la mer, des frégates françaises se rendront à Ajaccio, et ce ne sera qu'à leur retour que je ferai passer des forces en Corse[2]. »

« La Corse faisant partie de l'armée d'Italie, il est indispensable que nous y envoyions un chef de brigade d'artillerie pour y faire les fonctions de directeur et réarmer les différentes forteresses de cette île. En conséquence, le général Lespinasse voudra bien donner ordre au citoyen Montfort et à deux capitaines d'artillerie de partir sur le champ de Livourne, où ils s'embarqueront pour la Corse[3]. »

Ajoutons qu'en dehors de la sphère d'action de Bonaparte, le Directoire, dans cette période, avait signé avec l'Espagne l'important traité d'alliance offensive et défensive de Saint-Ildephonse (19 août 1796) : « La Puissance requise[4] tiendra prêts et mettra à la disposition de la Puissance requérante 15 vaisseaux de ligne, dont 3 à 4 ponts de 80 canons et 60 de 70 à 72 ; 6 frégates d'une force proportionnée et 4 corvettes ou bâtiments légers, tous équipés, armés, approvisionnés de vivres pour six mois, et appareillés pour un an. Ces forces navales seront rassemblées par la Puissance requise dans celui de ses ports qui aura été désigné par la Puissance requérante. »

Ainsi, avant la bataille de Rivoli, on constate, du côté de la France,

---

1. *Correspondance*, 25 octobre 1796, de Vérone, à Carnot, Directeur. C'est seulement par le traité de Florence (28 mars 1801) que le roi des Deux-Siciles renonça à l'île d'Elbe et aux Présides de Toscane.
2. *Correspondance*, 1er novembre 1796, de Vérone.
3. *Corrrespondance*, 20 novembre 1796.
4. Lisez : l'*Espagne*.

du Directoire et de Bonaparte, un essai non seulement de *libération* mais de *francisation* de la partie antérieure de la Méditerranée. Les vues du personnage dont la prépondérance va s'accusant, du gouvernement, comme de la nation, ne s'étendent pas encore au delà de la mer des Baléares et de la mer Tyrrhénienne.

Après la bataille de Rivoli (1797). Bonaparte gagne une journée décisive, fait capituler Mantoue et impose à Pie VI le traité de Tolentino (19 février), qui se résume ainsi : le pape renonce aux légations de Bologne, de Ferrare et de la Romagne; *le port d'Ancône restera à la République française jusqu'à la paix continentale.*

Dès qu'il est assuré qu'Ancône nous sera bien abandonné, sa pensée se porte avec vivacité vers l'Adriatique. Le 1ᵉʳ février, il écrit de Bologne au Directoire :

« Ne pourrait-on pas, si nous allons jusqu'à Rome, réunir le Modenais, le Ferrarais et la Romagne, et en faire une République qui serait assez puissante? Ne pourrait-on pas donner Rome à l'Espagne, à condition qu'elle garantirait l'existence de la nouvelle République? L'Espagne y gagnerait beaucoup, et nous y gagnerions plus encore; nous aurions un allié naturel puissant, et avec lequel nous correspondrions par Massa-Carrara et l'Adriatique. »

Dans ses combinaisons, *il comprend non seulement l'Espagne, mais la Turquie.* Fortement établi dans la péninsule centrale de la région méditerranéenne, il pèsera à la fois sur les péninsules orientale et occidentale :

« La ville d'Ancône est le seul port qui existe, depuis Venise, sur l'Adriatique; il est, sous tous les points de vue, très essentiel *pour notre correspondance de Constantinople :* en vingt-quatre heures on va d'ici en Macédoine[1]. »

« Ancône est un très bon port; on va de là en vingt-quatre heures en Macédoine, et en dix jours à Constantinople. Mon projet est d'y ramasser tous les Juifs possible. Je fais mettre dans le meilleur état de défense la forteresse. *Il faut que nous conservions le port d'Ancône à la paix générale, et qu'il reste toujours français;* cela nous donnera une influence sur la Porte-Ottomane, et nous rendra maîtres de la mer Adriatique, comme nous le sommes, par Marseille, l'île de la Corse et Saint-Pierre, de la Méditerranée. 1500 hommes de garnison et 2 à 300 000 livres pour fortifier un

---

[1]. *Correspondance*, 10 février 1797, au Directoire, d'Ancône.

monticule voisin, et cette ville sera susceptible de soutenir un très long siège[1]. »

D'importants événements s'accomplissent. Le général de l'armée d'Italie a imposé à l'Autriche l'armistice de Léoben (18 avril). D'autre part, la République de Venise lui a fourni, lors des Pâques véronaises, un terrible grief contre elle (9 avril). Aussitôt, il songe à démembrer cette puissance maritime, ce qui lui permettra de donner à son projet méditerranéen encore plus d'ampleur. Pour préluder à l'exécution de sa pensée, il a recours au général Gentili, Corse comme lui[2]; il lui mande :

« Vous trouverez à Venise cinq frégates commandées par le citoyen Bourdé, et vous vous embarquerez avec votre troupe sur ces frégates et sur quelques autres bâtiments de transport, s'il est nécessaire, et vous partirez le plus promptement et le plus secrètement possible pour vous rendre à Corfou et *vous emparer de tous les établissements vénitiens au Levant*... Vous écrirez, dès l'instant que vous serez arrivé à Corfou, à notre ambassadeur à Constantinople, Aubert-du-Bayet; vous lui ferez part de la situation des affaires en Italie avec Venise, et, si vous vous trouviez avoir besoin de secours, n'importe de quelle espèce, vous vous adresseriez à lui. Si les habitants du pays étaient portés à l'indépendance, vous flatteriez leur goût, et vous ne manqueriez pas, dans les différentes proclamations que vous ferez, de parler de la Grèce, d'Athènes et de Sparte... Vous vous ferez accompagner également par cinq ou six officiers du département de la Corse, qui sont accoutumés au manège des insulaires et à langue du pays[3]. »

Il faut maintenant convaincre le Directoire de la nécessité de garder, à l'exclusion de toutes autres, les possessions insulaires de la République de Venise, dont la destruction est, dans son esprit, associée à celle de l'empire turc.

« *Les îles de Corfou, de Zante et de Céphalonie sont plus intéressantes que toute l'Italie ensemble.* Je crois que, si nous étions

---

1. *Correspondance*, 15 février 1797, au Directoire, de Macerata.
2. Gentili (1751-1799) descendait d'une des plus anciennes familles de Corse; il combattit d'abord sous les ordres de Paoli contre les Français; rentré dans sa patrie après un exil de vingt ans, il adhéra à la domination française et défendit Bastia contre les Anglais. Nous l'avons vu plus haut réoccuper l'île entière sur l'ordre de Bonaparte. Établi dans les îles Ioniennes, il les gouverna avec habileté. Il mourut dans la traversée, quand, déjà malade, il regagnait son pays natal.
3. *Correspondance*, 26 mai 1797, de Mombello.

obligés d'opter, il vaudrait mieux restituer l'Italie à l'Empereur et garder les quatre îles, qui sont une source de richesse et de prospérité pour notre commerce. L'empire des Turcs s'écroule tous les jours; la possession de ces îles nous mettra à même de le soutenir autant que cela sera possible, ou d'en prendre notre part. Les temps ne sont pas éloignés où nous sentirons que, pour détruire véritablement l'Angleterre, *il faut nous emparer de l'Égypte.* Le vaste empire ottoman, qui périt tous les jours, nous met dans l'obligation de penser de bonne heure à prendre des moyens pour conserver notre commerce du Levant[1]. »

Pour la première fois, le nom d'Égypte a été prononcé; c'est le but vers lequel il tendait par des étapes successives qui, comme on le voit, coïncident avec ses victoires même et, si j'ose dire, avec sa propre « translation » d'Occident en Orient, du rivage génois au rivage vénitien.

Mais, bien que doué d'une imagination puissante, Bonaparte n'est à aucun degré un visionnaire; c'est sur une topographie certaine que ses projets s'édifient; il s'est rendu compte de la valeur de position des îles Saint-Pierre, de l'île d'Elbe, du port d'Ancône, de l'archipel Ionien. Il sait que la route de France en Égypte est longue, qu'il faut se pourvoir d'une station intermédiaire; cette station est tout indiquée : *l'île de Malte.*

« Je pense que désormais la grande maxime de la République doit être de ne jamais abandonner Corfou, Zante, etc. Nous devons, au contraire, nous y établir solidement; nous y trouverons d'immenses ressources pour le commerce, et elles seront d'un grand intérêt pour nous dans les mouvements futurs de l'Europe. *Pourquoi ne nous emparerions-nous pas de l'île de Malte?* L'amiral Brueys pourrait très bien mouiller là et s'en emparer. Quatre cents chevaliers et, au plus, un régiment de cinq cents hommes sont la seule défense de la ville de la Valette. Les habitants qui montent à plus de cent mille, sont très portés pour nous et fort dégoûtés de leurs chevaliers, qui ne peuvent plus vivre et meurent de faim. Je leur ai fait exprès confisquer tous leurs biens en Italie[2]. »

« De Corfou, l'escadre peut partir pour aller partout où vous voudrez; et, si vous devez la laisser à Toulon, elle sera beaucoup

---

[1]. *Correspondance*, 16 août 1797, au Directoire, de Milan.
[2]. *Correspondance*, 13 septembre 1797, au minist. e des affaires étrangères, de Passariano.

plus utile dans l'Adriatique, parce que : 1° ne se trouvant qu'à vingt lieues de la côte, elle tiendra en respect ce prince; 2° elle me servira à boucher entièrement toute l'Adriatique à nos ennemis; 3° enfin, elle prendra les îles de l'Adriatique, reconquerra l'Istrie et la Dalmatie en cas de rupture, et sera, sous ce point de vue, très utile à l'armée. Si nous avons la paix, votre escadre, en abandonnant ces mers et en s'en retournant en France, pourra prendre quelques troupes, et, en passant, mettre 2000 hommes de garnison à Malte : île qui, tôt ou tard, sera aux Anglais, si nous avons la sottise de ne pas les prévenir[1]. »

Dans sa lettre à Talleyrand[2], du 13 septembre 1797, Bonaparte esquisse tout son projet de descente en Égypte, projet qui désormais peut être considéré comme élaboré :

« *Avec l'île Saint-Pierre que nous a cédée le roi de Sardaigne, Malte, Corfou, etc., nous serons maîtres de toute la Méditerranée*[3]. S'il arrivait qu'à notre paix avec l'Angleterre nous fussions obligés de céder le Cap de Bonne-Espérance, il faudrait nous emparer de l'Égypte. Ce pays n'a jamais appartenu à une nation européenne. Les Vénitiens seuls y ont eu une certaine prépondérance, il y a bien des siècles, mais une prépondérance précaire. L'on pourrait partir d'ici avec 25 000 hommes, escortés par huit ou dix bâtiments de ligne ou frégates vénitiennes, et s'en emparer. L'Égypte n'appartient pas au Grand-Seigneur. Je désirerais, Citoyen ministre, que vous prissiez à Paris quelques renseignements pour me faire connaître quelle réaction aurait sur la Porte notre expédition d'Égypte. Avec des armées comme les nôtres, pour qui toutes les religions sont égales, Mahométans, Cophtes, Arabes, idolâtres, etc., tout cela nous est fort indifférent; nous respecterions les uns comme les autres. »

Aux marins de l'escadre de Brueys, il adresse une proclamation où éclate ce que nous avons appelé son « amour du lointain » :

« Camarades, dès que nous aurons pacifié le continent, nous nous réunirons à vous pour conquérir la liberté des mers. Chacun de

---

1. *Correspondance*, 23 septembre 1797.
2. Talleyrand resta au ministère des affaires étrangères jusqu'au mois de juillet 1799.
3. *Correspondance*, 12 novembre 1797. « Le citoyen Poussielgue prendra des renseignements sur la manière la plus sûre d'établir notre correspondance et nos communications régulières et périodiques entre le continent de France et nos îles de l'Adriatique, en fixant les points intermédiaires en Corse, en Sardaigne, en Sicile ou à Malte ou en les établissant sur le continent de l'Italie par Ancône. »

nous aura présent à la pensée le spectacle horrible de Toulon en cendres, de notre arsenal, de treize vaisseaux de guerre en feu; et la victoire secondera vos efforts. Sans vous, nous ne pourrions porter la gloire du nom français que dans un petit coin du continent; avec vous, nous traverserons les mers, et la gloire nationale verra les pays les plus éloignés[1]. »

Le traité de Campo-Formio, qui nous confirmait la possession des îles Ioniennes, est signé (17 octobre 1797). Bonaparte se rend au congrès de Rastadt, puis rentre en France (novembre-décembre). Ce n'est pas des bords de l'Adriatique qu'il partira pour l'Égypte[2]. Nommé général en chef de l'armée d'Angleterre, il semble destiné à franchir immédiatement non la Méditerranée, mais la Manche. C'est là son futur second grand dessein que l'on entrevoit. Mais, après une rapide inspection des côtes de l'Océan, qui ne lui dit rien qui vaille, il se reporte sur les côtes de la Méditerranée. Les instructions précises qu'il se fait donner par le Directoire doivent être citées *in extenso*:

« Le Directoire, considérant que les beys qui se sont emparés du gouvernement de l'Égypte ont formé les liaisons les plus intimes avec les Anglais et se sont mis sous leur dépendance absolue; considérant, d'ailleurs, que, l'infâme trahison à la suite de laquelle l'Angleterre s'est rendue maîtresse du Cap de Bonne-Espérance ayant rendu l'accès des Indes très difficile aux vaisseaux de la République par la route usitée, il importe d'ouvrir aux forces républicaines une autre route pour y arriver, y combattre les satellites du gouvernement anglais et y tarir les sources de ses richesses corruptives, arrête ce qui suit : 1° le général en chef de l'armée d'Orient dirigera sur l'Égypte les forces de terre et de mer dont le commandement lui est confié, et il s'emparera de ce pays; 2° il chassera les Anglais de *toutes les possessions de l'Orient où il pourra arriver*, et notamment il détruira tous leurs comptoirs sur la mer Rouge; 3° il fera couper l'isthme de Suez, et il prendra toutes les mesures nécessaires pour assurer la libre et exclusive possession de la mer Rouge à la République française; 4° il améliorera, par tous les moyens qui seront en son pouvoir, le sort des naturels de l'Égypte; 5° il entre-

---

1. *Correspondance*, 16 septembre 1797.
2. Le 10 novembre 1797 (*Correspondance*), il écrivait à Gentili : « Faites faire des descriptions géographiques, topographiques de toute cette partie si intéressante aujourd'hui pour nous depuis l'Albanie jusqu'à la Morée; et faites en sorte d'être bien instruit de toutes les intrigues qui divisent ces peuples. »

tiendra, autant qu'il dépendra de lui, une bonne intelligence avec le Grand-Seigneur et ses sujets immédiats ; 6° le présent arrêté ne sera pas imprimé¹. »

On remarquera que le projet de Bonaparte, successivement agrandi soit par lui-même, soit par le Directoire, n'est plus exclusivement méditerranéen, et il ne saurait présider seul à son entière exécution. Il commande *une des ailes* de l'armée d'Angleterre. La combinaison à laquelle on s'est définitivement arrêté s'étend ou pourra s'étendre de la Grande-Bretagne à l'Indoustan².

Toutefois, Bonaparte a bien pour objectif constant l'Égypte. Et son diagnostic topographique n'est pas en défaut. Lorsqu'il prononça ces paroles célèbres : « Je suis venu ici pour fixer et reporter l'intérêt de l'Europe sur le centre de l'ancien monde, » il résumait fort bien les motifs auxquels il avait obéi. Il s'agissait de rétablir des communications permanentes et rapides entre l'Asie, l'Afrique et l'Europe³. Il s'agissait même, à le bien prendre, de préparer l'union de l'ancien monde et du nouveau. Sous ce rapport, Napoléon, en suivant après deux mille ans les traces d'Alexandre, a été pour notre siècle un initiateur⁴. On ne saurait oublier non plus le caractère scientifique qu'il donna à son expédition, et la joie avec laquelle il écrivait à Monge qu'un tiers de l'Institut de France se rendrait avec lui des bords de la Seine aux bords du Nil⁵.

Malgré tout, se rendre en Égypte sans que Malte nous appartînt et quand les Anglais dominaient la Méditerranée, était une entreprise téméraire. C'est un point où la critique aurait beau jeu. L'expédition d'Égypte, si on songe à la difficulté d'y aller, d'y rester et d'en revenir, était bien plus aléatoire que ne le fut, quinze ans après, l'expédition de Russie.

Une extrême prudence dans la témérité même : voilà comme nous définirons la marche de Napoléon sur l'Égypte. Ses troupes, parties

---

1. *Correspondance*, 12 avril 1798.
2. *Correspondance*, 5 avril 1798, au ministre de la guerre. « Le général en chef Bonaparte est instruit qu'il existe au Dépôt de la guerre des exemplaires de l'Atlas du Bengale du major Rennel, et des cartes particulières du cours du Gange, publiées par les Anglais. Il vous prie de les faire mettre à ma disposition. Elles seront réintégrées dans le Dépôt lorsqu'elles auront servi au but auquel on les destine, et j'en donnerai reçu. »
3. *Correspondance*, 9 janvier 1801 : « Le Père retrouve le système des canaux qui fécondaient l'Egypte, et ce canal de Suez qui unira le commerce de l'Europe au commerce de l'Asie. »
4. Nous renvoyons à notre étude sur l'Egypte, l'Islamisme et les puissances (*Revue de géographie*, Paris, 1882).
5. *Correspondance*, 5 avril 1798.

de Toulon, de Marseille, de Gênes, de Civitâ-Vecchia, de Corse[1], se rallièrent mutuellement et s'acheminèrent vers Malte, sans affronter la pleine mer et par conséquent les escadres anglaises. Il y eut là un art extrême de se « faufiler ». L'instruction donnée à Desaix est caractéristique :

« Quoique nous n'ayons aucun indice que les Anglais aient passé ou veuillent passer le détroit, cependant la nécessité de ne pas vous aventurer me fait préférer de vous faire filer côte à côte. Il sera cependant nécessaire d'expédier un aviso aux îles Saint-Pierre pour croiser entre la Sardaigne et l'Afrique, afin que, si jamais les Anglais arrivaient aux îles Saint-Pierre avant nous, vous puissiez en être prévenu et régler vos mouvements en conséquence[2]. »

Bonaparte avait l'esprit en éveil sur les conditions topographiques et stratégiques de la guerre maritime, bien différentes de celles de la guerre continentale. Il disait à l'amiral Brueys :

« Il faudrait que ce fût le général lui-même, comme sur terre, qui pût le premier observer l'ennemi ; mais, sur mer, l'amiral ne peut jamais quitter son armée, parce qu'il n'est jamais sûr de pouvoir la rejoindre une fois qu'il l'a quittée. Dès l'instant que l'ennemi est reconnu, jugez-vous à propos de faire soutenir les frégates par deux ou trois vaisseaux de guerre, alors l'escadre légère se trouve organisée conformément aux usages établis, et cet officier général la commande. Enfin, si l'on se bat en ligne, les sollicitudes de ce général sont non moins essentielles : il veille à mettre à l'abri de tout accident, quelle que soit l'issue du combat, un convoi aussi précieux à la République, et, cela fait, il peut encore avec ses frégates, être utile à l'escadre. Ce que j'établis est peut-être contraire à l'usage établi dans plusieurs circonstances, mais les avantages que j'y entrevois sont si grands que je suis persuadé que nous nous en trouverons bien, et que nous perdrons, dans la marine, l'usage de ne mettre sur les frégates de l'avant-garde que quelque capitaine de frégate, lorsque effectivement tous les événements subséquents dépendent de ce premier coup d'œil et des premiers rapports[3]. »

---

1. Le décret du Directoire qui institua l'armée d'Orient (12 avril 1798) spécifiait que les départements du Golo, du Liamone, de Corcyre, d'Ithaque et de la mer Egée seraient compris dans son arrondissement, le tout formant, pour Bonaparte, un petit empire insulaire et méditerranéen.
2. *Correspondance*, 19 avril 1798, de Paris. « Notre point de réunion sera sur Malte. »
3. *Correspondance*, 22 avril 1798.

Nous le voyons en idée se frayer, depuis Toulon, une voie à travers les flots :

« Je partirai (de Toulon) pour aller à la rencontre du général Baraguey d'Hilliers, et de là passer entre l'île d'Elbe et la Corse, faisant route entre la Sicile et la Sardaigne[1]. »

« Je vous recommande de nous envoyer un aviso entre l'île d'Elbe et la Corse ; il aura soin d'interroger tous les bâtiments qui viendraient du Levant ou d'Espagne, *pour connaître les mouvements de la Méditerranée*[2]. »

Suivons maintenant son sillage :

« Nous nous trouvons entre la Corse et l'île d'Elbe. Nous nous sommes joints avec le convoi de Gênes. J'espère que nous nous joindrons dans deux jours avec les convois de Cività-Vecchia et de Corse[3]. »

« Nous sommes à dix lieues au large du détroit de Bonifacio. Le convoi de Corse vient de se réunir avec nous. J'attends à chaque instant le convoi de Cività-Vecchia[4]. »

Parti de Toulon le 19 mai, on arrive devant Malte le 9 juin ; on s'en rend maître aussitôt. La seconde partie du voyage n'en restait pas moins chanceuse, et le général en chef en convient lui-même lorsqu'il mande au Directoire :

« Quand j'arrivai devant Alexandrie et que j'appris que les Anglais y étaient passés en forces supérieures quelques jours avant, malgré la tempête affreuse qui régnait, au risque de me naufrager, je me jetai à terre. Je me souviens qu'à l'instant où les préparatifs de débarquement se faisaient, on signala dans l'éloignement, au vent, une voile de guerre : c'était la *Justice*, venant de Malte. Je m'écriai : « Fortune, m'abandonnerais-tu ? Quoi, seulement cinq jours[5] ! »

Cette invocation à la fortune n'est-elle pas l'aveu qu'une entreprise, si méditée, mais où, malgré tous les calculs, une part prépondérante était laissée au hasard, différait beaucoup de cette campagne d'Italie dont toutes les opérations avaient été admirablement liées ?

De Léoben, le 19 avril 1797, il avait écrit au Directoire : « Si je me fusse, au commencement de la campagne, obstiné à aller à Turin,

1. *Correspondance*, 10 mai 1798.
2. *Correspondance*, 18 mai 1798.
3. *Correspondance*, 23 mai 1798.
4. *Correspondance*, 27 mai 1798.
5. *Correspondance*, 19 août 1798.

je n'aurais jamais passé le Pô; si je m'étais obstiné à aller à Rome, j'aurais perdu Milan; si je m'étais obstiné à aller à Vienne, peut-être aurais-je perdu la République. »

Qu'on retienne bien ces paroles, dont on pourrait dire que c'est la censure de tous les « grands desseins » de Napoléon par le plus autorisé des témoins, qui est Napoléon lui-même.

Une fois, il est vrai, installé comme par miracle en Égypte, le général de l'armée d'Italie se retrouve instantanément. Au bout de quelques semaines, il tient le pays entier dans sa main. Après la bataille des Pyramides, il s'est saisi du Caire, d'où il réorganise l'Égypte. Il veille à la fois sur tous les points faibles et menacés. Qu'on relise ses lettres à Desaix, à Kléber, à Andréossy. Il écrit à ce dernier :

« Je crois que l'Égypte ne peut être attaquée que par le lac Menzaleh; que nous ne pouvons attaquer la Syrie que par le lac Menzaleh. Ainsi, pour l'offensive comme pour la défensive, c'est de votre reconnaissance que tout dépend; il faut donc la faire lentement et n'avancer que des choses sûres; car une fausse donnée pourrait me faire faire de faux calculs[1]. »

Cependant le désastre d'Aboukir[2] lui avait arraché un dur aveu :

« Les destins ont voulu, dans cette circonstance comme dans d'autres, prouver que, s'ils nous accordent une grande prépondérance sur le continent, ils ont donné l'empire des mers à nos rivaux[3]. » Avant de s'embarquer, il avait dit imprudemment dans le langage emphatique alors usité :

« Le génie de la liberté, qui a rendu la République, dès sa naissance, l'arbitre de l'Europe, veut qu'elle le soit des mers et des contrées les plus lointaines[4]. »

Une des illusions funestes de cette entreprise avait été de croire, comme l'avait fait dès l'origine Bonaparte, que l'Égypte n'appartenait pas au Grand-Turc[5], ou que du moins le Grand-Turc nous

---

1. *Correspondance*, 24 septembre 1798. Il ne néglige aucun détail. Ainsi il dit à Kléber (*Correspondance*, 3 septembre 1798) : « Veillez à ce qu'il y ait toujours sur le lac d'Aboukir, pour la communication d'Alexandrie à Rosette par terre, une centaine de barques du pays. »
2. Brueys s'était montré moins prudent que Bonaparte qui lui mandait (*Correspondance*, 3 juillet 1798) : « L'amiral fera dans la journée de demain connaître au général en chef, par un rapport, si l'escadre peut entrer dans le port d'Alexandrie ou si elle peut se défendre, embossée dans la rade d'Aboukir, contre une escadre ennemie supérieure, et dans le cas où ni l'un ni l'autre ne pourraient s'exécuter, il devra partir pour Corfou, l'artillerie débarquée, etc. »
3. *Correspondance*, 19 août 1798.
4. *Correspondance*, 10 mai 1798.
5. Ce n'est qu'après son arrivée en Égypte qu'il s'aperçut que cette contrée était, nominalement du moins, administrée par un pacha turc, Séid Abou-Bekr.

laisserait faire par inimitié pour les Mamelucks et aussi pour les Anglais. A son avis, une ambassade dirigée par Talleyrand, devait tout concilier. Mais Talleyrand, moins enthousiaste, s'obstina à ne pas aller à Constantinople.

En réalité, depuis la bataille d'Aboukir, l'armée française resta sans communication avec la mère-patrie. Dans une série de lettres qui ne parvenaient pas à leur adresse[1], Bonaparte conseillait tour à tour les diversions suivantes :

« Faites-nous raison, Citoyens Directeurs, de cette impertinence de la reine de Portugal ; pour aller à Lisbonne, il n'y a pas d'océan à traverser. Il faudra bien que l'Espagne y consente, surtout en donnant le commandement de l'armée à un homme dont elle ne croie pas les idées révolutionnaires. Si on pouvait fermer le port de Lisbonne aux Anglais, il faudrait qu'ils vinssent de Londres à Alexandrie sans relâcher. D'ailleurs, cela ne laisserait pas que de les occuper beaucoup. Nous pourrions trouver à Lisbonne de quoi nous aider à remonter notre marine[2]. »

« Si le Turc, comme il serait très possible, se fâche, il faut que vous fassiez passer Bernadotte à Corfou avec quatre demi-brigades, deux régiments de hussards avec leurs selles, quelques compagnies d'artillerie, de l'argent et des vivres. Là, avec l'escadre ci-dessus, il en imposera au Turc, et, au pis aller, lui enlèvera la Morée. Cette diversion nous sera très favorable et partagera les forces de la Porte. Si vous ne pouvez rien faire en Irlande, peut-être serait-il convenable de porter dans la Méditerranée toute la guerre maritime. Cette guerre serait plus difficile et plus coûteuse pour l'Angleterre ; il faudrait qu'elle nourrît trente vaisseaux au fond de l'Archipel, tandis que l'Égypte, Corfou, Malte, l'Italie nous donnent mille moyens[3]. »

L'espace se resserrait autour de lui. C'est pour ne pas être complètement bloqué et même envahi dans son « réduit » égyptien, qu'il fit son expédition de Syrie :

« J'ai, dans l'opération que j'entreprends, trois buts : 1° assurer la conquête de l'Égypte en construisant une place forte au delà du désert, et, dès lors, éloigner tellement les armées, de quelque nation

---

1. Bonaparte redit sans cesse, dans sa *Correspondance* avec le Directoire : « Il y a huit mois, dix mois, etc. ; que je suis sans nouvelles de France. »
2. *Correspondance*, 8 septembre 1798.
3. *Correspondance*, 7 octobre 1798.

que ce soit, de l'Égypte, qu'elles ne puissent rien combiner avec une armée européenne qui voudrait débarquer sur les côtes; 2° obliger la Porte à s'expliquer, et, par là, appuyer les négociations que vous avez sans doute entamées, et l'envoi que je fais à Constantinople, sur la caravelle turque, du consul Beauchamp; 3° enfin ôter à la croisière anglaise les subsistances qu'elle tire de Syrie, en employant les deux mois d'hiver qui me restent à me rendre, par la guerre et par les négociations, toute cette côte amie[1]. »

On lit dans le *Mémorial de Sainte-Hélène*[2] :

« Saint-Jean d'Acre enlevé, l'armée française volait à Damas et à Alep; elle eût été en un clin d'œil sur l'Euphrate. Les chrétiens de la Syrie, les Druses, les chrétiens de l'Arménie se fussent joints à elle; les populations allaient être ébranlées. Un de nous ayant dit qu'on eût été bientôt renforcé de cent mille hommes : « Dites « de six cent mille hommes, a repris l'Empereur; qui peut calculer « ce que c'eût été ? J'aurais atteint Constantinople et les Indes; « j'eusse changé la face du monde. »

Grâce à la *Correspondance*, nous ne risquons pas de nous égarer à la suite du *Mémorial* :

« Si j'avais détruit dans ma campagne de Syrie les armées qui menaçaient d'envahir l'Égypte en traversant le désert, il me restait à voir l'issue de l'expédition maritime qui se préparait avec beaucoup d'activité dans la mer Noire[3]. »

« L'Égypte m'appelle, » avait-il écrit au Directoire quand il renonça au siège de l'ancienne Ptolémaïs[4].

L'apparition d'un Mahdy avait contribué à activer son retour[5].

Il résumait ainsi les suites de son expédition : « La campagne de Syrie a eu un grand résultat; nous sommes maîtres de tout le désert et nous avons déconcerté pour cette année les projets de nos ennemis[6]. »

La seconde bataille d'Aboukir, qu'il dut livrer le 25 juillet 1799, montre bien que, même Saint-Jean d'Acre prise, il n'aurait pu se diriger sur Constantinople ou sur les Indes. Nous nous étonnons

---

1. *Correspondance*, 10 février 1799.
2. T. I, édition citée, p. 419.
3. *Correspondance*, 10 octobre 1799.
4. *Correspondance*, 10 mai 1799. On voit combien a été exagérée l'influence de Djezzar-Pacha, de l'amiral anglais Smith et de l'émigré Phelippeaux, l'ancien camarade de Bonaparte, sur la destinée de celui-ci.
5. *Correspondance*, 19 juin 1799.
6. *Correspondance*, 28 juin 1799.

qu'une pareille supposition puisse encore demeurer accréditée.

Ce qui est certain, c'est que Bonaparte avait tenté de se mettre en rapport avec les beys de Tripoli et de Tunis, le sultan du Darfour, etc.

« Nous avons de fréquentes relations avec La Mecque et Moka. J'ai écrit plusieurs fois aux Indes, à l'Ile de France; j'en attends les réponses sous peu de jours. *C'est le chérif de La Mecque qui est l'entremetteur de notre correspondance*[1]. »

Il assure l'imam de Mascate du désir qu'il a de protéger tous les bâtiments de sa nation et de les voir venir à Suez, « où ils trouveront protection pour leur commerce. » Il le prie de faire passer à Tippoo-Sahib la lettre suivante :

« Vous avez déjà été instruit de notre arrivée sur les bords de la mer Rouge, *avec une armée innombrable et invincible*, remplie du désir de vous délivrer du joug de fer de l'Angleterre. Je m'empresse de vous faire connaître le désir que j'ai que vous me donniez, par la voie de Mascate et de Moka, des nouvelles sur la situation politique dans laquelle vous vous trouvez. Je désirerais même que vous puissiez envoyer à Suez ou au grand Caire quelque homme adroit, qui eût votre confiance, avec lequel je puisse conférer[2]. »

On le voit, les relations de Bonaparte et de Tippoo-Sahib se réduisirent à bien peu de chose. Ce n'est que par des vaisseaux venant de l'Ile de France que des secours eussent pu être envoyés au sultant de Misore. Mais aucun navire ne répondit à l'appel de Bonaparte, qui n'aurait pu, d'ailleurs, rien distraire de son armée, puisque, le 28 juin 1799, il demandait au Directoire 6000 hommes de renfort pour se maintenir en Égypte, et il ajoutait : « Si vous nous en faites passer en outre 15000, nous pourrons aller partout même à Constantinople. »... « S'il vous était impossible de nous faire passer tous ces secours, il faudrait faire la paix. »

Tippoo-Sahib avait succombé dès le 4 mai dans Seringapatam ; or la seconde bataille d'Aboukir n'avait pas encore été livrée. Songer à l'Inde en ce moment eût été une absurdité dont Bonaparte, comme on le voit, savait se préserver, quoi qu'il ait dit plus tard à Sainte-Hélène.

1. *Correspondance*, 28 juin 1799.
2. *Correspondance*, 25 janvier 1799.

La question était restée, malgré certaines velléités contraires, toute méditerranéenne[1]. L'occupation de Naples par Championnet (23 janvier 1799) et la fondation de la République parthénopéenne, presque à la veille du départ de Bonaparte pour la Syrie, pouvait, dans cette zone définie, raviver nos espérances. Mais les victoires de la deuxième coalition y coupèrent court. Quand Naples fut évacuée (mai), la flotte turco-russe nous avait déjà enlevé Corfou et les autres îles Ioniennes; le général Vaubois était bloqué dans Malte, qu'il défendit héroïquement. C'en était fait de ce faible lien qui unissait, du moins théoriquement, la France à l'Égypte. Toutes les assises du grand dessein méditerranéen avaient croulé. L'Égypte, préservée du moins d'une perte immédiate, demeurait isolée; bloquée par les Anglais, réclamée par les Turcs, elle ne pouvait être désormais entre nos mains qu'un gage au moment de la pacification générale[2].

« L'évacuation de l'Égypte par la France, écrivait Bonaparte à Kléber, serait un malheur d'autant plus grand que nous verrions, de nos jours, cette belle province en d'autres mains[3]. »

Telle en effet pouvait être à bref délai l'issue de cette mémorable expédition, qui, l'année précédente, semblait devoir porter à l'Angleterre « le coup le plus sûr et le plus terrible ».

« La République, avait maintes fois répété le héros de cette aventure, ne pouvait avoir une colonie plus à sa portée et d'un sol plus riche[4]. » « La France, maîtresse de l'Égypte, sera à *la longue* maîtresse des Indes[5]. » En cela, il ne se trompait pas. Mais le moyen de garder un pays où l'on n'avait abordé que par un coup de fortune, et où on demeurait en détresse sans relation avec la mère-patrie et le reste du monde ?...

Était-ce bien là la *guerre sûre* qu'il avait annoncée au Directoire, et où l'Angleterre devait « s'épuiser par un effort immense[6] » ? Elle eût exigé, cette guerre, d'après son propre aveu, des armements maritimes dont on se dispensa, supposant trop tôt « le problème résolu ».

---

1. La diversion sur l'Irlande avait été dérisoire (23 août 1798); la diversion sur l'Inde n'avait été, même en projet, que vaguement indiquée.
2. *Correspondance*, 22 août 1799, lettre écrite au moment où il allait s'embarquer pour la France.
3. *Correspondance*, 22 juin 1798.
4. *Correspondance*, 24 juillet 1798, et *passim*.
5. *Correspondance*, 8 juillet 1798, et 7 octobre 1798.
7. *Correspondance*, 13 avril 1798.

Nommé Premier Consul, mais ayant à triompher d'une coalition au cœur de l'Europe, il ne put faire mieux que le Directoire.

Sans doute, avant et surtout après sa victoire de Marengo, on le voit former des projets pour débloquer Malte et reprendre Mahon[1]; faire des préparatifs aux îles d'Hyères[2] et à Ajaccio, donner des ordres tels que ceux-ci :

« Aussitôt que les frégates pourront mettre à la voile, elles fileront le long des côtes de Sardaigne, en passant hors de vue des îles Saint-Pierre; elles raseront les côtes de Barbarie, et, après avoir doublé le cap Bon, elles s'éloigneront le moins possible des côtes d'Afrique[3]. »

Une démonstration du général Murat sur Naples[4], du roi d'Espagne sur Lisbonne, lui semble devoir profiter à l'Égypte.

Mais, quoique déjà victorieuse de l'Europe (Marengo, Hohenlinden), la France ne peut rien sur mer : Malte a succombé (4 septembre 1800); l'Égypte nous échappe à la suite d'une troisième bataille d'Aboukir (9 avril 1801)[5].

Le Premier Consul, du moins, n'aura perdu aucune occasion de glorifier ses compagnons d'armes. A peine installé au pouvoir, il signe une proclamation où il est dit : « La France connaît toute l'influence de vos conquêtes sur la restauration de son commerce et la civilisation du monde[6]. » Il écrit à Kléber : « Pourquoi faut-il que des hommes tels que vous ne puissent pas se trouver à la fois en plusieurs lieux[7]? » Il ne cesse d'exalter « cette brave armée qui, attaquée à la fois du côté de la mer Rouge et de la Méditerranée par les milices de l'Arabie et de l'Asie entière, confondit, aux champs d'Héliopolis, et l'Arabie et l'Asie entières[8] ». Une « loi », proposée par lui, proclame que « l'armée d'Orient, les administrateurs, les savants et les artistes qui travaillent à organiser, à éclairer, à faire connaître l'Égypte, ont bien mérité de la patrie[9] ».

1. *Correspondance*, 12 mars 1800 et 19 juin 1800.
2. *Correspondance*, 19 avril 1800.
3. *Correspondance*, 14 décembre 1800.
4. *Correspondance*, 20 octobre 1800, à Menou. « Lorsque cette dépêche vous parviendra, ou la paix continentale sera conclue, ou une de nos armées sera maîtresse de Naples et se sera rapprochée de la botte; dans tous les cas, notre correspondance avec vous sera plus facile. »
5. Bonaparte a commandé de juillet 1798 à août 1799; Kléber jusqu'en juin 1800; Menou jusqu'en septembre 1801, date de l'évacuation.
6. *Correspondance*, 2 décembre 1799.
7. *Correspondance*, 18 décembre 1799. — L'ubiquité qu'il souhaitait à Kléber, il l'aurait surtout désirée pour lui-même, et l'on peut dire que les projets de Napoléon présupposaient cette ubiquité irréalisable.
8. *Correspondance*, 18 décembre 1800.
9. *Correspondance*, 9 janvier 1801.

Il lui fait une magnifique oraison funèbre : « Les soldats de l'armée d'Orient ont cédé ; mais ils ont cédé aux circonstances plus qu'aux forces de la Turquie et de l'Angleterre, et certainement ils auraient vaincu s'ils avaient combattu réunis. Les soldats de l'armée d'Orient rentrent dans leur patrie ; ils y rentrent avec la gloire qui est due à quatre années[1] de courage et de travaux ; ils laissent à l'Égypte d'immortels souvenirs, qui peut-être un jour y réveilleront les arts et les institutions sociales. L'histoire, du moins, ne taira pas ce qu'ont fait les Français pour y reporter la civilisation et les connaissances de l'Europe. Elle dira par quels efforts ils l'avaient conquise ; par quelle sagesse, par quelle discipline ils l'ont si longtemps conservée ; et, peut-être, elle en déplorera la perte comme une nouvelle calamité du genre humain[2]. »

Ne doit-on pas ajouter que les soldats de l'armée d'Orient ne sont rentrés dans la patrie qu'en nombre très restreint, que l'heureux retour de Bonaparte lui-même fut dû à la fortune plutôt qu'à la profondeur de ses calculs, et qu'il n'y a pas lieu de lui appliquer ici ses propres paroles :

« Tous les grands événements ne tiennent jamais qu'à un cheveu. L'homme habile profite de tout, ne néglige rien de tout ce qui peut lui donner quelques chances de plus ; l'homme moins habile, quelquefois en en méprisant une seule, fait tout manquer[3]. »

Ces mots visent justement le chef de l'armée d'Italie, non le commandant de l'expédition d'Égypte.

Ce n'est pas que sa *méthode* se soit profondément modifiée de Rivoli aux Pyramides. La topographie est restée son guide le plus précieux. Son grand projet méditerranéen a été conçu et élaboré topographiquement, nous venons de le démontrer. Mais il n'était pas en son pouvoir de maintenir les centres de correspondance, si intelligemment préparés par lui. Par le fait seul qu'il se transportait à plusieurs centaines de lieues de la mère-patrie, malgré tant de solutions de continuité, — il perdait toute base d'opération. L'Égypte, en l'absence d'une marine dont il pût disposer librement, ne pouvait être cette base. L'effondrement immédiat de l'empire turc[4], auquel il crut à tort, aurait seul pu justifier une

---

1. Plus exactement, *trois années*.
2. *Correspondance*, Exposé de la situation de la République, 22 novembre 1801.
3. *Correspondance*, 26 septembre 1797, à Talleyrand.
4. *Correspondance*, 9 novembre 1798 : « Les puissances qui se sont précédemment partagé la Pologne ont le même projet contre la Turquie. »

aussi audacieuse entreprise, dont le résultat fut l'occupation de Malte par l'Angleterre, et, pour toute la durée du XIXe siècle, l'hégémonie anglaise dans la Méditerranée[1].

FIN DU PREMIER FASCICULE

---

[1]. Nous regrettons de ne pouvoir insister sur les travaux topographiques confiés en Égypte par Bonaparte aux ingénieurs géographes, dont le chef fut Jacotin, en vue soit de ses opérations stratégiques, soit de la description exacte et minutieuse de la contrée. Voir notamment l'Ordre du 28 juin 1799 (*Correspondance*). Dès le 23 octobre 1798, il mande au Directoire : « Je vous enverrai incessamment une belle carte d'Alexandrie, du Caire et de l'Égypte, que je fais faire. »

www.ingramcontent.com/pod-product-compliance
Lightning Source LLC
LaVergne TN
LVHW021732080426
835510LV00010B/1209